UDL Schreibteam Göttingen

Licht

Zusammengestellt von

Ruth Finckh,

Manfred Kirchner

und den Autoren dieses Buches

Buchgestaltung: Manfred Kirchner

Diese Anthologie entstand im Rahmen der von Ruth Finckh geleiteten Schreibwerkstatt des Dritten Lebensalters an der Universität Göttingen (UDL).

© 2017 Ruth Finckh

Herstellung und Verlag:

BoD - Books on Demand, Norderstedt

ISBN 9783746033679

Illustrationen und Bilder lt. Bildtitel

Umschlagfoto Manfred Kirchner

Zu diesem Buch haben beigetragen

Ruth Finckh

Eva Jänecke-Lauke

Hans Jochen Hüchting

Manfred Kirchner

Lore I. Lehmann

Helga Margenburg

Brigitte Rosetz

Hansi Sondermann

Jörg Winkler

Belinda Schantong

Joana McDonald

Lisa Neumann

Albrecht Thiel

Brigitte Rosetz

Martina Maly

Karen von zur Mühlen

Für Anregungen, Fotos und Bilder danken wir
Jari Nestel, Ingrid Hüchting, Dr. Gabriele Gaba Weis
und Jürgen Lauke.

Licht

Da schied Gott das Licht von der Finsternis und nannte das Licht Tag und die Finsternis Nacht (Genesis 1)

Albrecht Thiel

Beschwerde

Wir, Lux, Vertreter des Lichts und Nox, Vertreter der Finsternis legen gegen das oben angeführte Dekret Gottes zur Scheidung des Lichts von der Finsternis Beschwerde beim Weltenrat mit folgender Begründung ein:

1. Wir sind seit etwa sechzehn Millionen Jahren zusammen. Wir waren schon zusammen, als es Gott noch nicht gab. Wir können nicht ohne einander existieren, denn wir gehen Abend für Abend nicht auseinander, ohne uns ausgiebig voneinander zu verabschieden und wir sehen uns Morgen für Morgen wieder, um uns herzlich zu begrüßen. Und wir gehen fließend ineinander über.

2. Eine Scheidung würde bewirken, dass es eine sehr strikte und plötzliche Trennung geben würde, welche verheerende Auswirkungen auf alle Elemente und alle lebenden Organismen hätte. Ein plötzliches Einsetzen der Dunkelheit oder ein plötzliches Einsetzen des Lichts würden bleibende Schäden und Traumata bei Pflanzen und Tieren verursachen.

3. Gott kann unsere Scheidung nicht per Dekret bestimmen, dazu hat er den Weltenrat und nicht zuletzt auch die Beteiligten zu befragen.

4. Wir finden die Namensgebung schrecklich, denn wer will schon Tag heißen oder Nacht mit diesem furchtbaren ch-Kehllaut. Die Namen möchten wir selbst wählen; schließlich haben wir schon lange eigene schöne Namen.

Der Weltenrat tritt unter Leitung von Sol wie jedes Jahrhundert einmal auf Wolke vierundzwanzig zusammen. Anwesend sind außerdem die Götter Terra, Aqua, Fauna, Flora und Estrella, Lux und Nox als Beschwerdeführer und Gott als Beschuldigter. Der Weltenrat hat jedes Jahrhundert darüber zu befinden, wie Gott als Exekutiv-Präsident die Welt regiert hat und ob irgendwelche Verfehlungen zu beklagen wären.

Sol stellte in einer langen Rede dar, dass Gott alles in allem seine Sache gut gemacht, aber insbesondere bei Licht und Finsternis seine Kompetenzen überschritten habe. Fauna und Flora bestätigten, dass eine strikte Trennung von Licht und Finsternis gravierende Folgen für Tiere und Pflanzen haben würden. Terra und Aqua wiesen ergänzend darauf hin, dass diese Trennung auch große Auswirkungen auf Land und Meer haben könnten. Auch die Sichtbarkeit der Sterne müsste nach Estrellas Aussage neu geordnet werden.

Nach längerer Beratung wurde der Beschwerde von Lux und Nox stattgegeben. Gott wurde angewiesen, die Scheidung von Licht und Finsternis zurückzunehmen und den alten Zustand wieder herzustellen. Lux und Nox behielten ihre Namen. Glücklich trafen sich die beiden bei der folgenden Tag- und Nachtgleiche und feierten kräftig mit Blitzen und Nordlichtern.

Gott zog sich gedemütigt zurück und überlegte wieder einmal, ob er es trotz dieser Niederlage wagen sollte, den Menschen zu erschaffen.

Hansi Sondermann

Nachtforst

Eine Schneise aus Licht
von der Mondaxt geschlagen
durchschneidet den
nachtschwarzen Wald

Silberne Radspuren
der Holzrücke-Wagen
mondhelle Huftapfen der Pferde
im feuchten Sand

In der Nebelfrühe aber
vor dem Morgenlicht schon
erneut das Krachen von Äxten
und das Pfeifen der Stahlblätter
wenn sie durchs Holz gehen.

Foto und Effekte: Manfred Kirchner

Dämmerstunde

Jetzt kommt die Zeit, nach der sie sich sehnen, das Tageslicht schwindet, die Nacht wird sie in Dunkelheit und Sicherheit einhüllen, nur der gedämpfte Schein von Laternen lässt sie nicht gänzlich unsichtbar werden.

Es ist nicht die Rede von lichtscheuem Gesindel, wie man es vermuten könnte, nein, es handelt sich um all jene, die nicht im grellen Tageslicht, und schon gar nicht im Rampenlicht gesehen werden wollen, weil sie es nicht mehr ertragen können, von anderen angestarrt oder übersehen zu werden, weil sie zu hässlich oder zu sonderbar sind oder sich auf andere Weise nicht den geltenden Normen zugehörig fühlen.

Alle, die bei Tage keinen kurzen Rock zu tragen wagen, nicht bei hochsommerlicher Hitze im Bikini ins Freibad gehen oder sich mit großem Ausschnitt ins Straßencafé setzen oder sich nicht trauen, extravagante Hüte zu tragen oder als Mann in Frauenkleidung herum zu laufen. Alle, die bei Tage nicht wagen, sie selbst zu sein.

Sie alle haben nichts verbrochen, brauchten den Tag und die Öffentlichkeit nicht zu scheuen, brauchten sich nicht in den Schatten und das Dunkel zu drücken, aber sie tun es, weil sie noch nicht ertragen können, dass man sie kommentiert, bewertet und über sie tuschelt.

Sollte es sich aber irgendwann in der Dämmerung zu schön anfühlen, wenn der Abendwind um die nackten Beine streicht, es glücklich machen, im letzten Tageslicht nackt in den Baggersee zu steigen oder mit verrückten Kleidern durch die Straßen zu huschen, sich schrill zu überschminken und auf Stöckelschuhen um die Ecken zu klappern, wird es ihnen vielleicht endlich egal sein, was andere über sie denken und reden.

Sie werden kurze Röcke anziehen, ohne Perücke zum Einkaufen gehen, sich im Freibad räkeln, sie werden sie selber sein, ihren Körper spüren und nicht weg sperren.

Und vielleicht werden sie auch gar nicht wahrgenommen von denen, die seit Stunden damit beschäftigt sind, ihren Bauch einzuziehen, die zu ihrem Friseurtermin hetzen, um sich die Haare nachfärben zu lassen oder die noch schnell ein teures Oberteil kaufen, um ihre überflüssigen Pfunde zu kaschieren.

Foto: Eva Jänecke-Lauke

Hansi Sondermann

Bordighera

unter den lichtweißen Gipfeln
der Seealpen,
deine Seele ist ligurisch,
die Riviera dei Fiori
ein botanisches Elysium.

Vor dem harten Licht des Mittags
in die Gassen der Altstadt,
über die Piazza del Popolo
in die schattendunkle Kühle
der Santa M. Maddalena.
San Ampelio huldigen,
der den Samen der Datteln brachte.

Im Giardino Esotico Pallanca
Eukalyptus, Myrten und Mimosen,
Agaven und Kakteen, gelber Ginster
und das Karminrot der Gladiolen.
Zitruspflanzen, Palmenhaine
und schwermütige Zypressen.
Im Lichtnetz der Olivenwäldchen
hundert Jahre alte Ölbäume.
Quirlige Eidechsen in den Mauerfugen
und der betörende Gesang der Amseln,
die in den Pinienzweigen nisten.

Der elegante Flug einer Silbermöwe
überm Hotel Villa Elisa
reißt den Blick hoch ins endlos Blaue,
in die lichtvolle Weite.
Weiter hangaufwärts,
hinter verrosteten Eisengittern,
von Zitronenbäumen gesäumt,
Jugendstilvillen, grandios verfallen.
Vor den Balkonen, auf den Terrassen:
Gelbweiße Markisen im Licht.

Im Ristorante L'Aranceto
köstliche Pigato und Cantuccini,
gefüllte Zitronenblüten
mit Thymian und Rosmarin
und:
Spaghetti – auf snobistische Manier kalt serviert.
Am Nachmittag in der Gelateria
an der Porta della Maddalena
„Holunder-Lavendel mit weißer Schokolade".
Ein Eis wie nirgends auf der Welt:
Meravigliosa! Incantevole!

An der Lungomare Arentina:
das Knattern der Piaggios und
der Pfiff des Riviera-Zuges,
bevor er die stazione erreicht.

In unserem Hotel am Capo Sant´ Ampelio:
Fin-de-Siecle. Davidoff - und Champagnerduft,
abgeschirmtes Licht der Art-Deco-Kandelaber.
Das Parkett mit den Intarsien und Mosaiken,
auf dem Danielas High heels wie Hufschläge klicken.

Am späten Nachmittag
ins ligurische Meer,
in die anbrandende,
über die Kiesel krabbelnde,
schmatzende See.

Am Abend auf der Mole

Fischer, steigen in ihre Boote,
zünden die Nachtlichter an,
träumen vom großen Fang.
Nachts unterm Mondlicht
trawlen ihre Kutter küstennah.
Am nächsten Tag schon
Gambas, Miesmuscheln und Seewölfe
in den Ristoranti der Città vecchia
aufgetischt.

Bordigheras Flaniermeile ist
gefällig, animiert zur Ruhe.
Kein Hupen. Kein Geschrei. Gelassenheit.
Gebräunte Signori unterm Sonnenhut,
filmrömerstolz den Corso Italia entlang;
im La Casa Del Caffee´ einen Espresso
oder einen Campari Orange in der Bar Milleluci.

Trotz des Fortschritts
Fischerdorfromantik,
noch etwas Riviera-Bohéme,
Belle époque und späte Moderne.
Die stilistische Noblesse jedoch:
Tempi passati.

Das unvergleichliche Licht
Bordigheras
hat den Bildern
Claude Monets und Pompeo Marianis
ihren letzten Zauber gegeben.

Und:
Im Bogenschatten der Porta Sottana
das lichtweiße Elfenbein
und das verführerische Rotlicht
deines Mundes, Daniela!

Bild: Hansi
Sondermann

9

So oder so

„Hier wird mich so schnell niemand finden", dachte Anne, als sie ihre kleine Reisetasche packte. Wer sollte sie auch finden wollen? Es gab ja niemanden, der ihr wirklich nahe stand.

Diese winzige Insel in der Nordsee war genau richtig für das, was sie vorhatte. Hier gab es nur wenige Pensionshäuser und kaum noch Feriengäste um diese spätherbstliche Jahreszeit. Die meisten Häuser hatten bereits geschlossen. Einsamkeit breitete sich jetzt auf der Insel aus, das hatte Anne im Internet recherchiert.

Bewusst hatte sie sich diese Jahreszeit ausgesucht. Sie passte zu ihrer Stimmung, zu ihren düsteren Gedanken. Wie oft hatte sie versucht, Licht und Gelächter dazwischen zu stopfen, doch sie waren nicht heller geworden. Vielleicht hätte es geholfen, wenn jemand gemeinsam mit ihr gelacht hätte?

Das Haus ,Dünenblick', das Frau Käthe gehörte, hatte noch geöffnet und Anne hatte dort ein Zimmer bekommen. Für acht Tage hatte sie gebucht und im Voraus bezahlt.

Die Anreise war beschwerlich, es herrschte ein rauer Wind und die Fähre schaukelte stark. Trotzdem stand Anne an Deck und sah zu, wie sich hohe Wellen am Bug brachen. Sie hielt sich an der Reling fest, kalte Gischt spritzte ihr ins Gesicht und wirbelte ihre kurzen dunklen Haare durcheinander. Sie empfand ein Gefühl der Freiheit, das sie beruhigte und irgendwie glücklich machte.

Als sie erschöpft ankam, war es bereits Abend. Ohne Mühe fand sie das alleinstehende dunkelrote Backsteinhäuschen mit dem tief herunter gezogenen Reetdach, das sich zwischen

Sanddornbüsche und Strandhafer tief in die Dünen duckte. Frau Käthe erwartete sie bereits. Mit einem kritischen Blick auf Annes kleine Reisetasche fragte sie „Ist das alles?". Typisch für diesen Menschenschlag, fand Anne, bloß kein Wort zuviel. Nun, vielleicht wurde man so, wenn man in dieser Einsamkeit lebte. „Ja", antwortete Anne ebenso knapp. Sie wollte nicht reden, sondern früh zu Bett gehen. Ein wenig freundlicher fügte sie hinzu „Ich brauche nicht viel." Diese Tasche beherbergte alles, was von ihrem Leben übrig geblieben war, nachdem sie ihre Arbeitsstelle und Wohnung gekündigt und ihren ohnehin spärlichen Hausstand aufgelöst hatte.

Der Frühstückstisch am nächsten Morgen war reichlich und liebevoll gedeckt. „Ich denke, Sie können ein bisschen was auf die Rippen vertragen", sagte Frau Käthe mütterlich, als sie Rühreier mit gebratenem Speck servierte. Anne wurde fast schlecht von diesem Geruch. Es war schon lange her, seit sie so etwas hatte essen können. Jetzt wurde ihr bereits beim bloßen Anblick schwindelig. Mühsam aß sie lediglich eins der frischen Brötchen, nicht weil sie hungrig war, sondern mehr, um Frau Käthe nicht zu enttäuschen.

Gleich nach dem Frühstück brach sie auf. In der Nacht hatte es geregnet und noch immer hingen dunkle Wolken am Himmel. Er war genauso grau wie das Meer und wirkte wie zugemauert. Sie stemmte sich gegen den Wind und ging langsam am Flutsaum entlang, die Hände tief in den Taschen ihrer Regenjacke vergraben. Das Laufen fiel ihr schwer, sie fühlte sich matt. Seit Wochen spürte sie selbst, wie sie täglich weniger wurde seit sie die Diagnose bekommen hatte. ‚Unheilbar'. Warum sollte sie sich dagegen auflehnen? Das Schicksal hatte entschieden. So oder so.

Fest konzentrierte sie ihre Gedanken auf das, was sie morgen vorhatte. Heute würde sie die perfekte Stelle auskundschaften und den Tidenhub beobachten. Dabei musste sie an ‚Papillon‘ denken, der vor seiner Flucht von der Gefangeneninsel lange das Spiel der Wellen beobachtet und herausgefunden hatte, dass nur jede siebte Welle stark genug war, um ihn wegzutragen in die Freiheit. Wie es hier wohl war?

„Morgen ist mein Tag", dachte sie. „Morgen tue ich es." Solange sie noch selbst über ihr Leben bestimmen konnte, würde sie tun, was sie für das Beste hielt. Längst hatte sie diesen Entschluss gefasst. Er würde ihr viel Leid ersparen.

„Ich werde mich nicht mehr umdrehen, sondern nur zum Horizont schauen, dorthin, wo Himmel und Meer zusammentreffen. Sobald sich der Himmel zu mir herab senkt, werde ich mich einfach den Wellen überlassen. Das Wasser ist ja noch warm genug. Ganz einfach wird das sein." Anne sprach sich selbst Mut zu.

„Kommt nicht alles Leben aus dem Wasser und sollte deshalb auch dort enden? War das nicht so? Und stand das nicht sogar in der Bibel?" Dieser Gedanke hatte etwas Tröstliches.

Frau Käthe würde sie als vermisst melden und die Einheimischen würden sagen „Immer diese unvorsichtigen Urlauber". Schließlich passierte es öfters, dass Menschen, die sich nicht mit den Gezeiten auskannten, bei Ebbe schwimmen gingen und von der Strömung ins offene Meer gezogen wurden, weil sie die Gefahr der Unterströmung unterschätzten. Manchmal wurden sie Stunden später wieder an den Strand gespült. Meistens aber nicht.

Als Anne am späten Nachmittag in die Pension zurückkehrte, sah sie, dass Frau Käthe bei einer Tasse Tee in der Wohnstube saß. Eine dünne Porzellankanne stand auf einem Stövchen und wurde von einem hellen Teelicht darunter warm gehalten. Auf dem Tisch lag ein Deckchen aus gehäkelter Spitze, eine dicke Kerze brannte und verbreitete Wärme. Ihr flackerndes Licht warf einen hellen Schein auf Frau Käthes hochgestecktes graues Haar und ihre rosigen Wangen. Die Lachfältchen um ihre hellblauen Augen verstärkten sich, als sie Anne einlud, sich zu ihr zu setzen. Sie müsse doch ganz durchgefroren sein. Außerdem freue sie sich über ein wenig Gesellschaft, denn jetzt sei es doch recht einsam auf der Insel. „Wissen Sie", sagte sie, „jetzt ist die Zeit, in der das Leben auf der Insel einen Gang zurück schaltet".

„Schön hat sie das gesagt", dachte Anne und lächelte. Doch als Frau Käthe ein zweites Teegedeck holen wollte, lehnte Anne dankend ab.

Am nächsten Morgen machte sie sich noch vor dem Frühstück auf dem Weg. Noch einmal könnte sie den Geruch von Eiern und Speck nicht ertragen.

Sie hatte gestern die perfekte Stelle für ihr Vorhaben gefunden, am Ende der Insel, wo so schnell niemand hinkam. Fast wie von selbst fanden ihre Füße den Weg. Bereits nach einem Tag auf der Insel fühlte sie sich schon ein wenig kräftiger. Der Wind blies ihr heftig ins Gesicht und rötete ihre Wangen. Die salzige Luft war feucht und schwer, auch in der vergangenen Nacht hatte es geregnet, und noch immer war der Himmel grau und ohne Licht. Dunkle Wolken hingen über dem Meer und passten zu ihrer Stimmung. Perfektes Wetter für einen Abschied, fand sie.

Doch noch ehe Anne das Inselende erreichte, riss die Wolkendecke auf einmal auf und die Sonne kam zum Vorschein. Erst nur ein wenig, dann stand sie plötzlich als leuchtender Ball am Himmel und schickte ihre Strahlen hinunter; sie spiegelten sich in den

Prielen und Pfützen, die der Regen im Sand hinterlassen hatte. Sie zauberten Muster in den Schlick, der jetzt kleine Pflanzen frei gab. „Hier liegt der Ursprung des Lebens", kam es Anne in den Sinn, und sie bückte sich, um den nassen Wattboden und die Gräser darin zu berühren. Als sie sich mühsam wieder aufrichtete, blendete das helle Licht sie und sie schloss ihre Augen.

Lange stand sie so da; sie spürte das Salz auf ihren Lippen und genoss die Wärme auf ihrer Haut. Obwohl es schon Herbst war, hatten die Strahlen noch genügend Kraft. Die Kälte in ihr wich einer Wärme, die sie lange nicht gespürt hatte.

Es dauerte eine Weile, bis sie sich an das Licht gewöhnt hatte. Als sie ihre Augen wieder öffnete, sah sie, dass auf einer einsamen Dalbe eine riesige Silbermöwe hockte. Mit scharfem Blick fixierte sie etwas, das, halb mit Sand bedeckt, schnell weg krabbelte. Plötzlich flatterte die Möwe auf und stürzte sich auf das, was gerade vor ihr geflohen war. Ein lautes Klacken ertönte.

Auf einmal fühlte sie sich wie diese Krabbe, die der Brutalität und Kraft der Stärkeren ausgesetzt war, doch gleichzeitig war ihr bewusst, dass auch diese Möwen leben und überleben wollten. Fast körperlich kroch der Schmerz in ihr hoch. Sie konnte nichts dagegen tun. Zwei, drei weitere Möwen kamen hinzu, trotz der Aussichtslosigkeit, noch etwas von der Mahlzeit abzubekommen. Ihr Schreien lockte weitere Möwen an. Bald balgte sich ein ganzer Pulk hungriger Vögel um Futter, das längst nicht mehr da war.

Sie kämpfen, dachte Anne, auch wenn es aussichtslos scheint. Aber sie tun etwas. Sie sind kompromisslos in ihrer Lebensgier.

Auf einmal wusste sie, dass es nicht richtig war, einfach aufzugeben. Vielleicht gab es ja doch noch Hoffnung. Sie würde auch kämpfen. Um sie herum war Licht und Wärme, auch wenn der

Wind kalt war. Ob Frau Käthe sie heute wieder zum Tee bei Kerzenlicht einlud?

Mit Geschrei flatterten die Möwen auf.

Nein, heute war kein Tag für einen Abschied.

Foto: Helga Margenburg

Martina Maly

Lichtspiele

Fang Flitzer
fang das Licht

Ich halte den Spiegel
und meine Katze springt

Über Tisch und Bänke
hin und her

Nicht endend

Magisch die Tür zum Bad
der Spiegel ist der Zauber

Magisch auch
die Leuchtschrift über dem Kino

Lichtspiele

Hell Dunkel Hell Dunkel
Zwei Stunden Zauberei

Ich werfe mit beiden Händen
Wasser der Sonne entgegen

Es glitzert
und Diamanten fallen herab

Ich werde mit dem Licht spielen
bis ich es nicht mehr sehen kann

Mittsommernacht

„Cool! Diese Plätze sind doch spitze, Ina? Gut, dass wir gleich hierher sind, und nicht erst in die Kabine." „Ja, klasse. Ich hole schnell noch meine Jacke. Nachher auf dem Außendeck wird's sicher kühl. Hältst Du für mich solange frei?" Jonas nickte kurz und ließ sich zufrieden in einen der beiden freien Sessel fallen. „Du, Ina, bring doch auch meine Jacke mit", rief er ihr noch hinterher. Die Plätze auf dem Panoramadeck der Midnatsol (norwegisch: Mitternachtssonne) hinter der großen Panoramascheibe waren sehr begehrt. Jeden Abend nach dem Essen stürmten die Passagiere hierher, um wie im Kino die besten Ränge zu erhaschen. Ina und Jonas wollten dieses Spiel eigentlich nicht mitmachen. Aber nach zwei Tagen konnten auch sie dem Sog nicht mehr widerstehen. Heute hatten sie nun zwei dieser geschätzten Sitzplätze ergattert.

Ina und Jonas waren vor drei Tagen, Ende Juni, in Bergen bei Regenwetter an Bord der Midnatsol gegangen, einem Postschiff, das zwischen Bergen und Kirkenes im Linienverkehr pendelt. Die ersten zwei Tage ihres zweiten gemeinsamen Urlaubs waren enttäuschend gewesen. Immer wieder neue Regenfronten. Sie hatten die Regentage genutzt, auszuschlafen. Heute nun stand die Passage durch die Lofoten an. Sie wollten die Mitternachtssonne ausgiebig genießen. Pünktlich blinzelte die Sonne zwischen den Wolken hervor, als das Schiff am frühen Abend in Svolvær ablegte.

Nach wenigen Minuten kam Ina mit den Jacken zurück, hatte Jonas Kamera locker über der Schulter. „Ina, du bist ein Schatz", bedankte er sich mit einem Kuss bei ihr und checkte sogleich den

Akku und den freien Speicherplatz auf der Speicherkarte. Die meisten Wolken waren davongezogen, die Sonne berührte fast den Horizont und die Gebirgskette der Lofoten warf bereits lange Schatten über die Fjorde. An deren Rändern lagen verträumt kleine rote und gelbe Holzhäuschen, oft auf Felsen direkt am Ufer stehend, im weichen Abendlicht leuchtend. Die Midnatsol glitt lautlos durch das spiegelglatte Wasser an ihnen vorbei. Immer wieder kreuzten Motorboote den Weg des Postschiffes.

„Ist das nicht traumhaft, Schatz. Das kleine rote Häuschen dort mit dem Bootssteg und dem Boot. Das könnte mir gefallen. Jetzt dort auf der Terrasse sitzen und die Ruhe und die Sonne genießen, wäre doch schön. Hier könnte ich leben."

Jonas ahnte, was auf ihn zukommen würde: ‚Irre ..., schon wieder diese Träumereien. Wann hört das mal auf? Hoffentlich ..., nein, jetzt bloß richtig reagieren ..., egal, ist doch sowieso alles falsch ..., aussitzen ..., ja aussitzen! ... oder vielleicht doch antworten?' schoss es Jonas durch den Kopf.

„Inachen, hör auf zu träumen. Diese Einsamkeit. Das hältst du doch keine Woche aus. Wochenenden ohne Shopping ..., keine Freunde zu Besuch, und überhaupt ..., Gummistiefel statt Pumps, Ölzeug statt Sommerbluse, das nächste Restaurant nach einer Stunde Bootsfahrt! Ich glaube nicht, dass du das willst. Und wovon willst Du hier leben?"

„Jonas," so sprach Ina ihren Freund immer dann an, wenn sie ärgerlich war, „du nimmst mich nicht ernst. Vielleicht will ich ja gar nicht mehr so leben wie bisher. Jeden Morgen dieses Gewürge auf der Straße nach Göttingen, dann den ganzen Tag im Büro: Zahlen rauf, Zahlen runter, ‚so geht das aber nicht, Ina', ‚hast du schon gehört, die Meier...', nein Jonas, das Versicherungsbüro ist nicht mein Lebenstraum. Die Menschen hier leben doch auch, und das nicht schlecht. Es wird sich schon was finden ..., Wassertaxi zum Beispiel, ... Raumausstatter wäre auch nicht schlecht, hat was Kreatives. Wolltest Du denn nicht auch einfach einmal auszubrechen?" Inas Gesicht hellte sich mit jedem Satz mehr auf, ihre blaugrauen Augen begannen zu leuchten.

,Wie bekomme ich Ina nur auf den Boden der Realität zurück?' schoss es Jonas durch den Kopf. „Nein, Ina. Ausbrechen wollte ich immer nur als Kind. ... aus der blöden Schule zum Beispiel. Aber jetzt? Mein Beruf macht mir Spaß. Wir haben viele Freunde. Das möchte ich nicht aufgeben ... Schau mal, Ina, diese herrliche Landschaft. Lass uns das jetzt genießen und später diskutieren."

,Warum nicht jetzt darüber sprechen? Wieder so ein Tick von Jo? Will der nur ablenken?' Inas Augen blickten jetzt grimmig.

Ina, dreiundzwanzig, Versicherungskauffrau, und Jonas, siebenundzwanzig, Krankenpfleger an einer Göttinger Klinik, verstrickten sich in eine lebhafte Diskussion. Jonas kühler Realismus stieß auf zunehmenden Widerstand bei Ina. Warum musste alles planbar und vernünftig sein? Warum sollte sie nicht ausbrechen aus diesem faden, stressigen Alltag? Warum nicht einfach hierher umsiedeln? Im nächsten Jahr im Mai die geplante Hochzeit ..., ein guter Zeitpunkt für einen Neuanfang!

„Jo, das passt doch gut, heute über unsere Zukunft zu sprechen." Ina ließ sich nicht bremsen, diskutierte enthusiastisch. Jonas dagegen schien angefressen und genervt, hatte es sich aber trotz des Gesprächs mit Ina nicht nehmen lassen, viele Landschaftsmotive und den leuchtenden Abendhimmel mit den Spiegelungen im Wasser mit seiner Kamera einzufangen. Die Midnatsol hatte schon ein gutes Stück der Passage durch die Fjorde der Lofoten zurückgelegt, als beide sich wieder auf die vorbeigleitenden Felswände, Wasserfälle, Hütten und Häuser konzentrierten. Die Menschen auf den Brücken, unter denen ihr Schiff hindurch fuhr, winkten ihnen zu. Noch immer lagen die Häuschen am Ostufer des Fjordes im weichen Abendlicht; die Schatten waren kaum größer geworden.

Als die Midnatsol gegen dreiundzwanzig Uhr in den Trollfjord einbog, stand die glutrote Sonnenscheibe auf der Eisspitze eines dieser vielen Berge, die hier steil aus dem Wasser bis auf über eintausend Meter aufstiegen. Es sah so aus, als würde sie jeden Augenblick den Berg hinunterrollen, über das rot schimmernde Schneefeld hinab bis in den Fjord. Dann das Wendemanöver des Postschiffes im Trollfjord: man konnte von der Bugspitze und vom Heck aus fast die Felswände mit den Händen greifen, so der Eindruck von Ina und Jonas. Sie waren an Deck gegangen, um dieses Schauspiel zu erleben. Trolle, jene großnasigen unförmigen schlammgrünen nordischen Geister mit ihren großen Augen, riesigen Füßen und zotteligen Haaren bekamen sie nicht zu sehen. Die Fantasie der Passagiere aber wurde bei den langen Schatten und den letzten Sonnenflecken auf den Felsen und Schneefeldern deutlich angeregt: „Schau nur, eine Nase ..., und Augen und auch ein Mund! Sieht aus, als lache da ein Troll." „Du Oma, gibt es wirkliche Trolle? Ich glaub, da hinten auf dem Schnee, da sitzt einer."

Die Midnatsol hatte den Trollfjord gleich nach dem Wendemanöver wieder verlassen. Die Sonne war nun doch hinter den Bergen verschwunden. Scharfkantig wie in einem Scherenschnitt stießen die Bergspitzen in den gelbroten Nachthimmel, der in weiterer Entfernung vom Horizont in ein leuchtendes Violett überging. Vereinzelte Wolken waren am Himmel zu sehen, an der Unterseite durch die Sonne angeleuchtet und rosarot leuchtend. Die Berge lagen mit ihren Schatten in einer Staffelung von hellem

Grau bis fast Schwarz vor dem Bug des Schiffes, das das spiegelglatte, vom Nachthimmel rotgelb leuchtende Wasser des Fjordes geräuschlos zerschnitt.

Bild: Manfred Kirchner

Als Jonas und Ina zurück zu ihren Sitzplätzen auf dem Panoramadeck kamen, hatte auf einem der Sessel neben ihnen ein älterer gut gekleideter grauhaariger Herr Platz genommen und sprach sie auf Deutsch mit leichtem Akzent an: „Entschuldigen Sie, aber ich habe vorhin zufällig ein wenig von ihrer Diskussion mitbekommen. Sie kommen aus Göttingen?" „Ja", antworteten Ina und Joans fast gleichzeitig. „Ich kenne Göttingen ein wenig, hatte da gelegentlich zu tun. Eigentlich war ich häufig in Hannover. Dort habe ich einen guten Freund, Paul Nordmann. Er arbeitet in Langenhagen im Luftfahrtmuseum. Waren Sie schon einmal dort?" Ina und Jonas schüttelten den Kopf. „Wenn sie da mal hinkommen, bestellen sie dem Paul einen schönen Gruß von

Anton Berg." „Was haben sie in Hannover gemacht", wollte Ina wissen. „Ach, das ist eine lange Geschichte. Aber wenn Sie wollen, können wir ja gemeinsam die Mittsommernacht genießen, während ich die Geschichte erzähle." Anton Berg schilderte, wie er mit seiner Bergungsfirma eine JU 52 der Deutschen Wehrmacht aus einem der Fjorde geborgen und nach Hannover in das Luftfahrtmuseum überführt hatte. „Als die Deutsche Armee im zweiten Weltkrieg Norwegen überfiel, nutzte sie die zugefrorenen Fjorde als Landebahnen für ihre JU 52. Nur hatten sie vergessen, für ihren Rückflug auch Flugbenzin mitzubringen. Und dann versanken die Flugzeuge im Frühjahr beim Tauwetter auf dem Grund der Fjorde. So konnte ich dem Museum eine guterhaltene Maschine bergen und liefern. Das ist meine Geschichte. Und Ihre? Sie haben ja sehr intensiv miteinander diskutiert." „Nun, Ina würde am liebsten in eines dieser schönen roten oder gelben Holzhäuser einziehen. Das ist doch völlig unrealistisch, oder?" „Da kann ich ihnen nicht weiterhelfen. Ich selbst ziehe meine Umgebung in Oslo dieser Gegend vor. So schön die Mittsommernächte hier auch sind, sie sind einfach anstrengend. Die Natur legt keine Pause ein, will alles innerhalb weniger Wochen schaffen. Die Menschen sind gestresst, auch durch die vielen Feiern überall zur Mittsommerzeit. Es fehlte ihnen einfach der Schlaf und die natürliche Dunkelheit des Abends und der Nacht, die dem Körper Müdigkeit und Schlafbedarf signalisiert. Da haben es die Braunbären einfacher. Sie fressen den ganzen Sommer, bis sie eine dicke Speckschicht angesetzt haben und verschlafen dann den Winter. Und die Menschen hier am Polarkreis? Die unendlich lange dunkle Winterzeit macht viele depressiv und krank. Die Polarlicht-Schauspiele können da auch nicht sonderlich erheitern. Wer hier herziehen möchte, sollte vorher einen Winter lang hier leben, um abschätzen zu können, ob er das wirklich will."

„Und was hat sie jetzt hierher verschlagen, wenn sie doch lieber in Oslo sind?", fragte Ina. „Nun, meine Tochter lebt in der Nähe von Svolvær. Mein Schwiegersohn arbeitet dort auf einer Schiffswerft und meine Enkelin Sonja hatte Geburtstag. Da haben wir ein wenig gefeiert. Ich fahre jetzt mit dem Schiff bis Tromsø und dann fliege ich zurück nach Oslo." „Aber ihrer Tochter gefällt es hier...?", wollte Ina wissen. „Nun ja, sie hatte die gleichen Träume wie Sie und hat sie sich mit ihrem Mann Ole auch verwirklicht; ein schönes Haus am Fjord, Bootssteg am Haus, Motorboot, Auto im nächsten Ort auf einem Sammelparkplatz ... Ole verdient gut. Zwei Kinder. Eigentlich alles, was sie sich gewünscht hatte. Wenn ich dann mal mit ihr allein auf dem Boot unterwegs bin und mit ihr ins Gespräch komme, habe ich das Gefühl, dass sie dennoch nicht glücklich ist. Sie erzählt mir von den vielen Selbstmorden in den Wintermonaten hier in der Gegend und von Schnapsbrennern und Alkoholikern. Man muss schon für diese Gegend geboren sein, um glücklich zu sein, denke ich."

Anton und Jonas unterhielten sich noch angeregt. Ina, die sich bei dem „Männergespräch" langweilte, war weggegangen, ohne dass es die Männer wahrgenommen hatten. Nach etwa zwei Stunden war die Sonne im Westen versunken und jetzt hinter den Bergen im Osten wieder aufgetaucht und streute ihr sattes gelbes Licht über Fjorde und Berge. Sie hatte sich, so schien es, hinter dem Horizont an der Mindnatsol vorbeigeschlichen, um jetzt wieder mit langen Schatten Fantasiegebilde in die Landschaft zu malen. Waren da nicht doch Trolle? Versteckten sie sich hinter den dicken weißen Heuballen auf den Wiesen am Fjord? Anton hatte diese Ballen Trolleier genannt. Aber wo war Ina? „Ich dachte, sie ist nur mal zur Toilette gegangen. Verstehen ich nicht ... Ich seh mal nach. Weit kann sie ja nicht sein. Ich bin gleich wieder zurück." Mit diesen Worten verließ Jonas das Panoramadeck und fand Ina schließlich auf dem Oberdeck, neben einem jungen Mann an der Reling stehend, sich angeregt unterhaltend. „Ina, ich hab dich überall schon gesucht." „Ach Jo, ihr mit eurem technischen Kram. Ich wollte lieber Trolle sehen. Und dann habe ich Paul hier getroffen. Ist schon irre, wie man sich mit ein wenig Fantasie Trolle hinter Hecken, Häusern und Felsen vorstellen kann. Paul fand das sehr lustig, mit mir Trolle zu suchen. Übrigens: Paul macht ein freiwilliges soziales Jahr hier in Norwegen, Papageientaucher, Trottellummen und Dreizehenmöven zählen, hatte ein paar Tage frei, geht in Honningsvæg von Bord." Mit jedem Satz verfinsterte sich Jonas Gesichtsausdruck. „Bist Du jetzt sauer? ... oder gar eifersüchtig? Musst Du nicht sein. Ist Anton noch da?" Jonas nickte kurz. „Na komm, lassen wir ihn nicht warten. Außerdem werde ich langsam müde." Ina hakte Jonas ein und warf Paul noch einmal einen kurzen Blick zu: „Wir sehen uns bestimmt noch in den nächsten Tagen. Tschüss." Dann gingen beide wieder zurück zum Panoramadeck.

Die Midnatsol hatte in der Zwischenzeit Stokmarknes erreicht und angelegt. Es war vier Uhr morgens. Passagiere gingen von Bord, neue kamen. Reges Treiben an den Ladeluken: Gabelstapler sausten mit Paletten heraus aus dem Bauch des Schiffes, andere Ladung wurden hineingefahren. Nach circa zwanzig Minuten setzte das Postschiff seine Reise fort. Jonas verabschiedete sich von Anton: „Danke für den netten Abend, vielleicht sehen wir uns ja später noch mal". „Ich wollte nicht unhöflich sein, aber von technischen Dingen verstehe ich nicht viel", entschuldigte sich Ina. Anton empfahl den Beiden noch, doch mal das

Luftfahrtmuseum in Langenhagen aufzusuchen und „seine" JU 52 zu besichtigen.

Jonas lag noch lange Zeit wach auf dem Bett. Bilder der Reise liefen wie ein Film immer wieder vor seinen Augen ab. Und dann Ina mit diesem Paul. Was fand sie so toll an dem? Vögel zählen? Als er dann endlich eingeschlafen war, kamen sie: Trolle, große, kleine, alle nette und freundliche, übermütige, närrische, und ein junger, außergewöhnlich elegant gekleideter. Er hatte Ina mit in sein Boot genommen und war mit ihr auf die offene See hinausgefahren, zu irgendwelchen Inseln, Vögel zählen. Als Jonas schweißnass von seinem Traum erwachte, war er froh, dass Ina friedlich im anderen Bett neben ihm lag und schlief.

Beim gemeinsamen Frühstück, dem Mittagsbuffet im großen Speisesaal der Midnatsol, berichtete Jonas von seinem Traum. Ina konnte sich ein lautes Lachen nicht verkneifen. „Ina, Du nimmst mich nicht ernst!" „Ach Schatz, Du und Trolle! und dann noch meine Entführung. Ich glaube, Du bist doch ein wenig eifersüchtig. Wollen wir nicht doch mal gemeinsam nach Trollen Ausschau halten und dabei träumen, träumen vom Haus am Fjord, von herrlichen Mittsommernächten, vom prasselnden Kaminfeuer in den langen Winternächten und von Freunden und Nachbarn, die wir besuchen oder die zu uns kommen? Ein paar Tage haben wir ja noch Zeit auf dieser Reise."

Brigitte Rosetz

Lichtbilder

als drei Zeichnungen und acht Gedichte

Bild: Brigitte Rosetz

Brigitte Rosetz

Abend-Bild (nach einem Foto)

Dreiviertelhimmel:
Orangenlicht glüht.
Faserwolken schwimmen
zitronengelb her.

Einviertellandschaft:
Tiefendämmerung schiefergrau.
Häuser und Wald im Traum.
Zwischenweltstimmung.

Flatternde Wölkchen aus Rauch,
sahneleicht, spiegeln sich gelb
auf den Dächern. Zwielichtig
auch die Empfindung: Ruhe
samtblau und daneben gleich
gelbhüpfende Sehnsucht.

Brigitte Rosetz

Herbstzeit

Die Zeit nimmt sich Zeit:
Sonne wirft diffuse Schatten
aus. Blätter toben von den Bäumen.
Winde rollen spielzeugbunte Kreisel
durch die Straßenschlucht. Wirbelnde Einsamkeit.

Die Zeit hat wenig Zeit:
Gedanken ballen sich zu Wolkenbergen.
Sonne zwinkert ängstlich durch den Dunst.
Der Horizont verschwört sich Eis und Stürmen.
Die Felderreihen liegen offen und bereit.

Die Zeit hat keine Zeit
mehr. Elstern schnarren in den schwarzen
Zwischenräumen. Sonne in Gedichten aufgebahrt.
Wir sind ermüdet von den Taggeschichten.
Die Zeit ist jetzt soweit.

Brigitte Rosetz

Dezemberblicke

Erde und Himmel:
Wolkenstürme.
Kein Dach
für Vogel und Baum.
Winterzeit
kriecht lauernd
über die ergraute
Sommerwiese.

Ein Blick von dir,
ein Blick von mir:
Die Sonne irgendwo
in meinem Kopf rollt
durch vergessene Kanäle.
Wärmt mir die Augen,
Baum und Vogel,
wärmt meinen Himmel und die Welt.

Brigitte Rosetz

Wintersonne

Im schwarzen Gitterwerk der Äste
die weiße Sonne schwebt und steht.
Vom Walde dumpfes Grollen weht.

Im strengen Nord vibriert der Frost,
von Nebelwänden fest gefangen.
Brennt Wunden ein in Stirn und Wangen.

Schrecken wallt auf. Wir
finden keine Ruh. Die kalte
Sonne sieht von Ferne zu.

Bild: Brigitte Rosetz

Brigitte Rosetz

Silvestermond

Feuerschlange in meiner Hand
zischt am Baumstamm hoch,
wirbelt übers Dach, fährt
schreiend zwischen die Wolken.

Lichtfinger sprühen hier- dorthin.
Ein sprudelnder Brunnen pulsiert
blaue Fontänen. In schwellendem
Zukunftsgrün versucht sich ein Mond.

Leuchtfeuer im Kopf:
War Gestern zu schwer?
Ist Heute zu leicht?
Wird Morgen zu groß?

Gestern: Vergessen.
Heute: Ein Fest.
Morgen: Leuchtreklame
flackert der Zukunft frech ins Gesicht.

Brigitte Rosetz

Old odd songs

Springtime's coming:
Running down the fields.
Seas and streams a-foaming.
Dancing cross my garden.

Whistling shouting laughing.
Songs of colour everywhere.
Sung by heart and soul
Love songs, love songs.

Songs of joy and hope:
Listen to the sun-piano.
From dawn to dusk.
All day long.

Brigitte Rosetz

Schattenspiele im Fluss

So wasserschwer, so wasserleicht:
Tausend gläserne Sonnenkugeln
rollen mit tausend Prismen im Licht,
das dem Schatten die Hände reicht.

Wasser, durchblitzt mal dunkler mal lichter,
gleitet in Tänzen drüber und drunter.
Gibt neue Perspektiven frei.
Baumwipfel, Dächer, Gesichter.

Im Schattenspiegel ein heimlicher Kuss
aus grünen und gelbschwarzen Augen.
Faltet sich mehrfach. Ein Kaleidoskop.
Ich treibe mit in dem Fluss.

Brigitte Rosetz

Immer wieder Mond

Dieser Mond.
Zeuge meiner Nächte:
Stillt das Beben
unter der Haut. Kühlt
die schmerzenden Gelenke.

Dieser Mond.
Legt mir einen weißen
Wundverband aufs Herz.
Er weiß Bescheid,
kennt Tränen und Träume.

Dieser Mond.
Hüllt in sein sanftes
Licht - samtweiches
leuchtendes Linnen -
unsre atmenden Leiber.

Bild: Brigitte Rosetz

Die Kellerlampe

Ruben

Ragnar war nirgendwo zu finden, jedenfalls nicht in der Wohnung. Ob er wohl vorhin mit Papa in den Keller gelaufen war, als der das Backblech raufgeholt hatte für den Pflaumenkuchen? „Ich habe vorläufig keine Zeit, unten nachzusehen", sagte Tobias zu seinem Sohn. Ruben schaute ihn unglücklich an.

„Nein, echt jetzt. Der Kuchen muss fertig sein, wenn Mama kommt. Dein Ragnar wird das schon eine Weile aushalten, Katzen sind nicht so ängstlich wie kleine Jungs."

Ruben schlich in sein Zimmer und dachte darüber nach. Eigentlich war er nicht wirklich ängstlich, also jedenfalls nicht immer. Vor dem Keller musste man auch nicht richtig Angst haben, da war ja nichts Schlimmes. Es konnte einem gar nichts passieren. Monster gab es doch sowieso nicht. Darth Vader auch nicht.

Aber die Lampe da unten! Manchmal ging sie von allein aus und dann plötzlich wieder an. Das hieß Wackelkontakt. Wenn sie aus war, konnte er die ganzen Spinnweben nicht sehen, manchmal fühlte er dann etwas im Gesicht. Und manchmal wusste er auch nicht mehr, wo eigentlich die Tür war, das war das Schlimmste. Und dann war da noch was: er hörte immer irgendwas brummen.

Ragnar war da unten jetzt ganz allein. Das ging doch nicht!

Als Ruben gerade versuchte nicht zu weinen, raschelte es im Korb für das Altpapier. Ragnar kam mit steil erhobenem Schwanz hervorstolziert. Die Schwanzspitze bewegte sich hin und her, wie immer, wenn er Lust hatte, Unsinn zu machen.

Oh!

Aber das mit der Kellerlampe musste Papa trotzdem endlich mal reparieren.

Ragnar

Wahrscheinlich hatten sie sogar unter das Bett geguckt, ob er sich dort wohl wieder versteckt hatte. Nein, heute war er da nicht. Eigentlich hatte er sich heute gar nicht verstecken wollen, er wollte nur ein Weilchen seine Ruhe haben. Der Gang in den Keller mit dem Mann war nämlich ziemlich aufregend gewesen: Während der Mann nervös mit Blechen rumhantierte, anscheinend etwas suchte und dabei einen sehr unangenehmen Krach machte, entdeckte er selbst die dickste fetteste Spinne seines Lebens in diesem wunderbaren Keller! Doch kaum hatte er sie gesehen, ging mal wieder das Licht aus. Und kaum hatten sich seine Augen an die Dunkelheit gewöhnt, ging es wieder an. So war das hier immer.

Aber wo war die herrliche Spinne denn jetzt? Konzentriert schaute er zu dem Karton, neben dem er sie zuletzt gesehen hatte. Wenn der Mann doch nicht so einen Krach machen würde, man konnte überhaupt nicht hören, ob sich da eine Spinne bewegte, da konnte er die Ohren noch so sehr in die Richtung drehen. Er selbst rührte sich jedenfalls nicht, aber er hatte die Muskeln angespannt, für alle Fälle. Und da sah er sie! Hach! Sie war wohl unter dem Brett gewesen und krabbelte ganz vorsichtig Bein für Bein über die Kante hoch! Und nun der ganze Körper, schön dick, schwarz, etwas behaart – hmm.

Oh nein! Das verdammte Licht ging wieder aus. Der Mann rief laut „Scheiße!" Da ging es wieder an. Und die tolle Spinne war noch da, als hätte sie auf ihn gewartet. Er sprang auf sie drauf, aber so, dass sie nicht tot ging. Sie tat allerdings so, als wäre sie tot, doch ein Kater wie er würde nie darauf reinfallen. Man musste nur warten können, mal sehen, wer länger durchhielt. Sie jedenfalls nicht, denn sie rührte sich wieder und wollte wohl abhauen. Er tappte mit einer Pfote auf sie, und schon war sie wieder ruhig.

An den Bewegungen des Mannes merkte er, dass der wohl gleich rausgehen würde. Mist! Er musste jetzt das Spiel abbrechen, wenn er nicht eingesperrt werden wollte. Echt schade. Also schnappte er sich seinen Leckerbissen mit dem Maul und düste gerade noch rechtzeitig aus der Tür. Schnell die Treppe hoch, hinter dem Mann in die Wohnung. Und nun? Wohin mit der Spinne? In den Altpapierkorb, das war am besten. Der war ihm verboten worden, seitdem er mal reingepinkelt hatte. Jetzt hatte ihn keiner bemerkt, und er konnte gemütlich und in aller Ruhe die Spinne seines Lebens zerkauen. Was für ein Genuss! Eine Weile ließ er noch ein Beinchen aus seinem Maul raushängen, das kam als letztes dran.

Irgendwann dann fingen sie an, Ragnar! Ragnar! zu rufen und in der Wohnung umherzulaufen. Aber anfangs hatte er nun wirklich keine Zeit für sie. Der Junge hatte dann auch aufgehört zu rufen, er saß jetzt in der Nähe auf dem Boden und hatte die Hände vor dem Gesicht. Auf dem Weg zum Balkon, von dem aus man ganz toll Vögel beobachten konnte, wollte er an dem Jungen vorbeistreichen. Er wusste, er würde dann sofort gekrault werden, hinter den Ohren, auf der Nase, eigentlich überall. Das war wirklich immer sehr, sehr angenehm. Auf dem Balkon gab es übrigens auch manchmal Spinnen, so normale eben. Mal gucken.

Tobias

Katzen waren ganz schön anders als Hunde, dachte Tobias. Ragnar war doch so ein lieber sanfter Kater, aber als lieber Hund wäre er bestimmt nicht allen Verboten zum Trotz wieder ins Altpapier gegangen. Na ja, was für skurrile Gedanken, Ragnar als Hund! Eigentlich hatten sie sich ja doch alle drei inzwischen vom

38

lange betrauerten Ivo auf dieses Katzentierchen umgestellt. Und eigentlich waren sie längst seinem Charme total erlegen, wie man so sagt. Wie auch ihre Freunde häufig sagten. Diesmal hatte Ragnar übrigens nicht in den Korb gepinkelt, immerhin.

Der Teig war endlich ganz mit Zwetschgen-Hälften belegt, er musste den Kuchen unbedingt rechtzeitig fertig kriegen. Er selbst hatte vorhin ja auch gedacht, dass Ragnar mit in den Keller geschlichen war, und er hatte nicht nur Ruben, sondern auch sich selbst davon überzeugen müssen, dass eine Katze das ganz cool nimmt, für eine Weile im Keller eingesperrt zu sein.

Ach Mensch, sein kleiner Rubi, der war ja so unglücklich gewesen. Er hatte ihn wenigstens kurz mit bemehlten Händen an sich gedrückt. War das eigentlich normal, dass ein Fünfjähriger sich nicht allein in den Keller traut, um seine Katze zu retten? Morgen wollte er mal die anderen Mütter im Kindergarten befragen. Äh - was? Was für eine Formulierung hatte er denn da eben im Kopf? Die anderen Mütter?? Tobias lachte in sich hinein. Iris fand ja

auch, dass er sich als Mutter recht gut machte. Sie fand allerdings außerdem, dass er endlich mal so etwas zutiefst Männliches wie die Reparatur der Kellerlampe erledigen sollte.

Bild:
Lore Lehmann

Eva Jänecke-Lauke

Scheinwerfer

werfen ihren Schein,
so hell wie möglich,
auf das Geschehen,
auf die Straße, auf die Grenze,

grell und grausam,
heiß und enthüllend,
suchen und tauchen alles in unerbittliches Licht.
Spot on, und es gibt kein Entrinnen.

Hypnotisieren und blenden,
verdammen zum reglosen Warten,
tasten dich ab,
wirst bleich und flach.

Spielen auch mit farbigem Licht,
malen romantische Bilder,
beleben die Show,
lassen Schatten wachsen und schrumpfen,

schleudern Lichtstrahlen auf die Bühne,
die wandern und kriechen,
klettern und sich ausbreiten,
umher geistern und vorüber irren.

Schicken Lichter in die Nacht,
kämpfen gegen die Finsternis
verlieren ihr Strahlen
im Ungefähren der Nebelwände.

Versilbern prasselnden Regen
lassen tanzenden Schnee blitzen,
werfen ihren Schein so hell wie möglich,

und verlieren ihre Kraft in der Ferne.

Schreiben mit Licht

Fotoausstellungen schaue ich mir gern in Galerien an. Egal ob Landschafts-, Reise-, Straßen- oder Tierfotografie, es gibt immer Anregungen zur Fotografie und interessante Bildern zu sehen. Während eines solchen Besuches sehe ich, wie Besucher besonders oft, wiederholt und länger, vor einem einzeln aufgehängten Bild stehen bleiben, um es zu betrachten. Es zeigt das Schwarzweißportrait einer alten, vom Leben gezeichneten Frau. Eigentlich nichts Aufregendes, aber irgendetwas an dem Bild ist besonders.

Da sind die seitlich an die Wangen gelegten Hände. Hände die, von schwerer Arbeit gezeichnet, mit hervorstehenden Adern und tiefen Falten, beeindruckende Geschichten über ein arbeitsreiches Leben erzählen können. Gepflegt, mit sauberen Fingernägeln, schmiegen sie sich elegant an.

Fein abgetönte Graustufen zeigen das schüttere, Haar mit leichten Strähnen versehen und ordentlich zurückgekämmt. Sie lassen das Bild nicht wie einen Scherenschnitt aussehen, sondern zeigen jede Einzelheit. Kleine Locken deuten an, dass in jungen Jahren eine üppige Frisur den Kopf der Frau geschmückt haben könnte. Nicht nur das sorgfältig eingesetzte Licht zur Aufnahme des Bildes, auch die Raumbeleuchtung, die keinerlei Spiegelungen zulässt, erzeugt einen ungewohnten Eindruck bei der Betrachtung und hinterlässt eine die Wirkung verstärkende Tiefe.

Was aber offensichtlich nicht nur mich fasziniert, und auch die Blicke der Besucher auf sich zieht, sind ihre Augen. Sie scheinen nicht gealtert zu sein. Wie der unschuldige, offene und auch fragende Blick eines kleinen Kindes fesseln sie den Betrachter. Im

Gegensatz zu den Händen machen sie einen wachen Eindruck, und zeugen von einer klaren, ehrlichen Gesinnung, die sich dahinter verbirgt. Die im Bild dunkelgrau, mit feinen Strukturen abgebildete Iris, lässt einen klaren Blick ohne Sehhilfe vermuten. Dem Fotografen ist es gelungen, den Fokus genau auf die Augen zu legen. Ein Blick mit einer stolzen aber geheimnisvollen Botschaft.

Eingebettet sind die Augen in ein schmales Gesicht, mit einer fast durchgehenden Braue. Seitlich sind durch Lachen entstandene Krähenfüße zu sehen, und unter den Augen sind nicht einmal ansatzweise Tränensäcke zu erkennen. Über die faltenreichen Wangen wandern die Blicke der Betrachter auf den Mund, deren Winkel leicht nach oben gezogen, ein freundliches aber auch rätselhaftes Lächeln zeigen. Durch die leichte Drehung des Kopfes nach rechts, ist ein etwas vorstehendes Kinn zu erkennen, was in der Regel Menschen zugeschrieben wird, die ein erhöhtes Maß an Durchsetzungskraft besitzen.

Mir entgeht keine durch Licht und Schatten hervorstechende Einzelheit. In der Bildbeschreibung lese ich, dass es bei der Herstellung des Portraits keinerlei Nachbearbeitung gegeben hat. Ein Kunstwerk und Juwel der Fotografie.

Ich verlasse die Galerie und schlendere durch die Straßen. An Geschäften mit werbewirksamen Auslagen und Bildern vorbei komme ich zu einem „Pressehaus", wo mir Magazine schöne Gesichter auf den Titelseiten zeigen. Bekanntermaßen mit moderner Technik geschönte Bilder, die vornehmlich Lebensfreude und Schönheit vorgaukeln. Bilder, deren Aussagen im krassen Gegensatz zur Wahrheit der abgebildeten Person stehen.

Belinda Schantong

Feenlicht

zart wippen
schillernde Perlmuttschwingen
flattern in die Höhe
streifen krümelig schwarzen Glanzstaub
fasziniert
unbeschwert

Löcher in Feenflügeln
lassen plötzlich Licht zu Boden prasseln
zerbersten in tausend Farben
durch böse Überraschung erstarrt

und wir lachen
erfreut über das Feuerwerk

Fotomontage und Foto: Manfred Kirchner

Eva Jänecke-Lauke

Das Schicksal der Scheinwerfer

Früher, lange vor meiner Zeit, als es noch kein elektrisches Licht gab, die Städte noch mit Gaslaternen und die Häuser noch mit blakenden Petroleumlampen erleuchtet wurden, da gab es noch richtige Scheinwerfer.

Es waren kleine spindeldürre Gestalten, nicht größer als ein Grundschulkind. Sie wirkten aber mit ihren knochigen Armen und Beinen, ihren schwarzen geflickten Hosen, dem dunklen Umhang und den rauchschwarzen Schlapphüten aus grobem Filz wie winzige Greise. Ihre Füße steckten in zerfledderten schwarzen Lederstiefeln und waren unablässig in Bewegung, sodass man sie kaum beobachten konnte. Was aber forschenden Blicken stets verborgen blieb, waren die Gesichter, denn die Scheinwerfer hoben immer in dem Augenblick, in dem sie auftauchten, einen dunklen Kasten vor ihre Augen, aus dem sie mit ihren bleichen Fingerchen kraftvoll einen fast sonnenhellen Lichtschein warfen. Das Licht, das die Scheinwerfer auf diese Weise ins Dunkle schleuderten, konnte so hell und gleißend sein, dass es mühelos auch durch die tiefste Finsternis drang, manchmal aber war es auch mild und warm und tauchte alles in eine friedliche Helligkeit.

Die Scheinwerfer waren immer unverhofft zur Stelle, tauchten auf wie aus dem Nichts, ohne auch nur das geringste Geräusch zu verursachen. Ich weiß nicht, ob irgend jemand in der Lage war, sie herbei zu rufen.

Aber es wird berichtet, dass sie gelegentlich dabei geholfen haben, flüchtende Übeltäter in ihren Verstecken aufzuspüren, sie zu blenden und ihren Verfolgern auszuliefern. Kindern, die sich im Wald verirrt hatten, sollen sie manchmal den Heimweg geleuchtet haben, und auch Schiffen auf hoher See haben sie wohl

gelegentlich nachts beigestanden, wenn riesige Wellen ihre Later-
nen gelöscht hatten.

Die Scheinwerfer konnten mit ihrem gleißenden Lichtstrahl jeden
Menschen und jedes Tier zum Stehen bringen. Die Menschen ris-
sen dann ihre Arme hoch, um ihre Augen zu schützen, Tiere war-
fen ihre Köpfe zurück, und ihre Augen glühten.

Genauso lautlos und blitzschnell wie sie gekommen waren, zogen
sich die Scheinwerfer wieder zurück ins Dunkel, nachdem sie ih-
ren Schein stets vorher in ihrem schwarzen Kasten eingefangen
hatten.

Seit es elektrisches Licht gibt, sind sie auf dem Rückzug, es soll
nur noch ganz wenige von ihnen geben, hoch oben im Norden.

Die Lampen von Autos und Straßenlaternen, die Flutlichter und
Neonröhren haben sie entbehrlich gemacht, und so wird es wohl,
so steht es zu befürchten, auch ihnen ergehen, wie den anderen
Vertretern ausgestorbener Berufe. Man denke nur an die Zitro-
nenfalter, die Büstenhalter und die Sekundenzeiger, um nur ei-
nige von ihnen zu nennen.

Und das bedauere ich sehr, denn wenn mir schon niemand mehr
den Arm leuchtet, keiner mehr meine Gabeln stapelt oder über
den Tisch läuft, dann hätte ich doch wenigstens gern ein paar Mit-
esser, wenn ich alleine zu Hause bin.

Eva Jänecke-Lauke

Licht im Tunnel

erhellt die Tiefe, die ewige Nacht,
beleuchtet die Röhre unter dem Fluss,
führt durch den Gang im Innern des Berges.
Ich brause voran,
will der Enge entkommen
wie tief bin ich?
Wenn ich so fahre, den Blick stur nach vorn
blitzt das Licht nur,
wird zu abgehacktem Geflacker
doch es zeigt mir den Weg
saugt mich durchs Dunkel
verblasst erst zum Ende.
und dann erwartet mich wieder die wahre Erleuchtung.

Foto Jürgen Lauke

Licht...Licht!

Erwin wusste nicht, warum er.... aber seine Mutter hatte, wieder mal wütend auf ihn, befohlen:

„In den Bunker! So lange, bis ich dich rufe!" Schnapp! Tür zu.

„Bunker!" das war ihr Wort für den Keller des Hauses Schubertstraße 12, dessen Bewohner dort bei Luftangriffen – es war 1943 – gegen britisch-amerikanische Bomben geschützt werden sollten.

Wieder die dreizehn...nein fünfzehn Stufen. Tief runter. Bis zum Kellerboden. Jetzt ist die Tür zu. Kein Licht mehr. Völlig dunkel hier. Weiter nach vorn. Wo die Gurkengläser stehen, und die Sitzbank. Find ich auch im Dunkeln. Da sind Streichhölzer und Kerzen. Für den Fall, dass das Licht ausgeht. Beim Fliegeralarm. Auf keinen Fall Kerzenlicht... Nur Taschenlampen! Hat Blockwart Hagemann gesagt. Wegen der Gasleitung. Falls die platzt. Hat der alte Nazi Schiss. Unsere Flak oder die Messerschmidt holen die runter, bevor sie das Polte-Werk oder uns...

Trotz Hagemanns Schreierei war Erwin immer wieder raus, hoch auf die Straße.

Gesehen, wie die Lichtfinger der Scheinwerfer den Himmel abgetastet haben, und die Leuchtspuren, als die ME 109 ne Lancaster runtergeholt hat. Toll! War letzte Woche.

Dabei fiel ihm jetzt erst ein, weshalb er hier sitzen musste. Es war in den Schimpfwortkämpfen untergegangen, die täglich zwischen den Nachbarskindern ausgefochten wurden. Die aber selten jemand ernst nahm. Meist wurden die jungentypischen Beleidigungen mit dem Kurzwort Selber! gekontert. Und das war s! Für die Jungen – selten war n es die Mädchen – aber auch für die Eltern.

Nicht bei Erna Schuster, der – höflich gesagt – vollleibigen Fleischermeistergattin und Gastwirtin der „Traube", die immer mit einem Gesicht rumlief, als hätte sie jemand beleidigt. Was oft auch geschah. Aber nur ihrer Meinung nach, weil sie das kleinste kritische Wort als persönliche Verletzung empfand.

Hat die Schuster wieder n Theater gemacht, als ich ihr ins Gesicht gesagt habe, sie hätte beim Wiegen gemogelt. War ja auch viel zu wenig von dieser Jagdwurst, die sowieso mager ist, hab s doch gesehen auf der Waage, und das bei den wenigen Fleischmarken. Sofort ist die fette Erna rüber zu Mama. Was ich ihr angetan hätte. Beleidigt hätte ich sie! Richtig geheult hat se dabei, sagt Mama. Was heißt denn angetan? Hab ich sie geschlagen? Oder getreten? Wenn ich gewusst hätte, was mir danach blüht, hätte ich ihr eine geknallt, dieser dicken Mogeltante, oder ihr die Wurst... Nee, Wurst lieber nicht!

„Wenn du wieder hochkommst, gehst du sofort rüber zu Frau Schuster und bittest um Verzeihung", hatte seine Mutter eben gesagt. „Nein!" „Bevor du morgen beichtest, hast du Abbitte zu leisten." „Bitte nicht, Mama!" Hatte Erwin seine Mutter angefleht. „Die riecht immer nach Schweiß, auch nach Blut, drückt einen jedesmal an die fette Brust. Es sei dir verziehen, mein Sohn, sagt sie dabei. Maain Sooohn... wenn ich das nur höre. Ääh!"

Erwin hatte sich schon oft bei „der Schuster" entschuldigen müssen, weil er sie verspottet, beleidigt, sogar mal in den Hintereingang der Gastwirtschaft gepinkelt hatte. „Erwin, schleif deine scharfe Zunge, reiß dich mal zusammen!" hatte Pater Vesper im Beichtstuhl zu ihm gesagt, ihm dann aber – sicher in Erinnerung
48

an eigene Frechheiten – fast wie nebenbei die Absolution erteilt. Seine Mutter war bei so etwas jedoch unerbittlich. Nur kein Ärger mit den Nachbarn. Vor allem nicht mit der Schlachterin. Erna Schuster hatte ihr ab und zu mal etwas Kleinfleisch vom Schwein – Schwanz, Pfötchen, Schnauze – gebracht. „Muss aber Albert nichts von wissen!" Fleischermeister Albert Schuster konnte recht böse werden, wenn im Laden etwas fehlte; bei Schlachtern hatte die Polizei ein besonders waches Auge.

Lieber Gott. Wie lange sitze ich schon hier? Ne Ewigkeit. Ich will raus, wieder hoch. Hallo...Mama! Hört nich. Fange langsam an zu frieren. Is feuchtkalt hier. Und dieser Kellergeruch. Mammaaa...! Hört immer noch nich! Vielleicht mit m Rad in die Stadt... oder wieder ins Lazarett. Lässt mich hier einfach verrecken.

Damit Hanna Eckstein, Erwins Mutter, nicht in der Munitionsfabrik arbeiten musste, hatte Mater Bernarda, Küchenchefin der Ursulinen, sie an das Reservelazarett vermittelt, das im früheren Klosterinternat residierte. Dort war sie mehrere Stunden am Tag und auch in der Nacht als Hilfskraft tätig. Ihr Mann, Erwins Vater, war seit Kriegsbeginn an der Front. Aufgrund ihrer enormen beruflichen und familiären Belastung war Hanna Eckstein, Mutter dreier Kinder, somit an der Grenze ihrer physisch-seelischen Leistungsfähigkeit, was ihre mütterliche Überstrenge denn auch verständlich machte.

Erwin tappte weiter zur Straße hin, zum Licht- und Luftschacht. Dort aber nur diffuse Helligkeit. *Kann man kaum was erkennen.* „Verdammt!... Mammaaa...!"

Die Tür ging auf. *Endlich Licht!* „Was machst du denn hier, Erwin"? Fräulein Magdalena Wiederholt, die Eigentümerin des

Hauses. „Hat deine Mutter dich wieder eingesperrt? Was hast du denn ....? Ach, ich will s gar nicht wissen. Komm erstmal raus!". Erwin lief schnell die Treppenstufen hoch, bevor seine Mutter ihn hören konnte. Fräulein Wiederholt, eine ledige, wegen ihres Augenleidens vorzeitig pensionierte Studienrätin, hatte ihn nicht zum ersten Mal aus seinem „Kerker" befreit. Er hatte oft ungewöhnlich lange darin ausharren müssen. Seine Mutter, im Gespräch mit ihrer Schwester Anne, Betreuerin der beiden kleineren Ecksteinkinder, hatte vergessen, ihren gestraften Sohn wieder aus dem Bunker zu holen.

Weshalb Magdalena Wiederholt oft auf ihre Weise rettend eingriff, wie auch in diesem Fall. Sie führte Erwin in den Garten des Hauses und ließ ihn sich auf die Treppenstufen der Veranda setzen, direkt neben einem der beiden steinernen Löwen, die das Portal umrahmten. „Ich bring dir ein Glas Milch, wenn du willst!" „Ja! Danke!"Erwin streckte sich auf den Eingangsstufen aus, leckte milchdurstig seine Lippen.

Licht! Licht Endlich Licht!... Endlich Sonne! Soll Mama mich doch suchen, wenn sie mich vermisst! Was ihn bereits freute. Fräulein Wiederholt würde ihn sicher nicht vorzeitig verraten. Er hatte das Gefühl, dass sie in ihm so etwas wie ihren Sohn sah, den sie, aus welchem Grunde auch, nie gehabt hatte. *Licht!... Sonne!... Milch!... Frische kalte Milch... Ja!* „Danke, vielen Dank, Fräulein Wiederholt!"

Viel hatte er heute in der Beichte nicht abzuliefern, na, ja, diese üblichen großen-kleinen Sünden, die sich trotz des „Guten Vorsatzes" laufend wiederholten, wozu in erster Linie natürlich die Beleidigung der Fleischergattin und Gastwirtin Erna Schuster gehörte.

Das im mooreichenen Beichtstuhl unter der Orgelempore der romanischen Basilika St. Martin, wo eine bedrückende Dauerdunkelheit herrschte. Allein deshalb ein Ort, der jedem Beichtenden selbst bei lässlicher Sündenlast von vorn herein ein schlechtes Gewissen verursachte. Was dem „Freigesprochenen", wenn er die Kirche verließ, neben dem Gefühl der Gewichtsentlastung angesichts der plötzlichen Helligkeit das Empfinden verlieh, in ein großes Licht einzutauchen.

Wie jetzt Erwin. Der nicht sah, dass Pater Vesper während seines Sündenbekenntnisses leicht schmunzelte, bevor er ihm – ohne Vorhaltungen und ohne Bußaufgabe – die Absolution erteilte.

Erwin sprang aus der Kirche wie ein junger Hirsch.
Er fühlte sich wie nach einem Mehrhundertmeterschwimmen,

er fühlte sich wie geduscht. Er rannte wie in Trance über den Kirchplatz.

Die Sonne schoss ihre sommerlichen Nachmittagsstrahlen auf die breite Brust der Basilika.

Licht... Licht... Sonne... Sonne!... Durch die Heiligmachende Gnade... blank... und rein!

Bild: Hansi Sondermann

Belinda Schantong

Dämmerung

Schichtwechsel bei Tag und Nacht
lässt fahles Gleichgewicht erzittern
erst zaghaft, schneller als gedacht
kann Raum und Zeit und Farbe knittern

Zwielichtschatten springen stumm
in Ketten tanzen sie zum Leben
ihre Zeit geht schnell herum
wenn Sterne sich gen Himmel heben

Schmetterling und Motte küssen
je ihr ganz persönlich' Licht
wissen nichts von Sollen, Müssen
kennen Scham und Leiden nicht

Zeit so magisch am Zerfließen
so manche Nacht zum Sterben schön
lässt Gestirne neu erspießen
und jeden Tag erneut zergehn

Acht Minuten

Die Nacht ist unruhig und kurz. Ein Blick auf den Wecker sagt mir, dass es noch nicht einmal fünf Uhr ist. Aufstehen wollte ich erst um sieben. Die Amsel ist auch schon wach und flötet so laut und lockend, dass ich nicht wieder einschlafen möchte. Sie hat ein Nest gebaut im Haselnussbaum vor meinem Schlafzimmerfenster. Ihr Zuhause nah an meinem.

Im Schlafanzug gehe ich in den Garten, es sieht mich ja niemand. Barfuß laufe ich übers Gras, das noch nass ist vom Morgentau. Die Sonne hat sich noch nicht gezeigt, um es zu trocknen, dieses Gras, das ohne Licht dunkel erscheint, und das so beständig ist im Kampf gegen den Rasenmäher. Schwungvoll setze ich mich auf die Gartenschaukel, die sogleich anfängt, quietschend zu schwingen. Gestern Abend habe ich vergessen, die Polsterkissen abzunehmen, jetzt sind sie leicht feucht, aber für eine Weile geht es.

Sie ist so still, diese Welt. Diese frühmorgendliche Stimmung kannte ich bisher nicht. Als wir noch zu zweit waren, sind wir nie so früh aufgestanden. Ich höre, dass die Amsel Gesellschaft bekommen hat. Auf einmal ist da ein Konzert verschiedener Vögel. Sie sind Frühaufsteher, sie beginnen mit ihrem Gesang oft schon lange vor Sonnenaufgang, die ersten bereits, wenn es noch fast vollständig dunkel ist. Warum habe ich das bisher nicht bemerkt?

Ich lausche und warte. Worauf eigentlich? Dass es Zeit wird? Zeit, sich anzuziehen, zu frühstücken, die Zeitung zu lesen? Sie ist noch nicht da. Zeit für die alltäglichen Belanglosigkeiten, die das Alleinsein verkürzen sollen? Seit der Platz neben mir leer ist, hab ich nichts zu versäumen. Ich werde warten, dass die Sonne aufgeht. Ja, darauf werde ich warten. Es wird nicht mehr lange dauern.

Am Himmel zeigt sich bereits dieses ganz besondere bläuliche Licht, dessen Strahlen meine geschlossenen Lider durchdringen, und das man nur ganz früh am Morgen sehen kann. Ich muss daran denken, dass im Sommer die Sonne am weitesten von der Erde entfernt ist. Rund 149 Millionen km. Die Geschwindigkeit des Lichts zur Erde ist im All jedoch immer gleichbleibend. Das habe ich mir gemerkt. Es dauert etwas über acht Minuten, bis das Licht auf der Erde ankommt. Also auch in meinem Garten. Ich könnte sehen, wie es die Erde erreicht. Ja, darauf werde ich warten.

Dann ist das Licht plötzlich da. Genau um elf Minuten nach fünf. Also wurde es um drei Minuten nach fünf angeschickt. Es vertreibt die Morgendämmerung und zaubert Wärme und Helligkeit ringsum. Seine Strahlen lassen die Tautropfen in bunten Farben schillern und verwandeln das Dunkel des Rasens in ein helles, lebendiges Grün. Wenn ich noch länger wartete, könnte ich miterleben, wie das Gras und die Polsterauflagen trocknen, wie die abgekühlte Natur zum Leben erwacht, wie sich die Stimmung der Menschen aufhellt, denn fast fünfzehn Stunden wird das Licht nun auf der Erde bleiben.

Doch ich werde hineingehen, ich fröstele. Die Sonne hat noch

 nicht genügend Kraft so früh am Morgen. Außerdem war der Zeitungsbote gerade da.

Eva Jänecke-Lauke

Schatten

eilst vor mir her oder lässt dich von mir mitschleifen,
immer hängst du an meinen Füßen,
egal, ob du auf der Straße liegst
oder an der Wand neben mir herschleichst
platt und stumm.
Mal wirst du so lang und schmal, dass ich fürchte, du zerreißt,
dann wieder schrumpfst du unter mir hindurch.
Ich kann dir nicht davon laufen,
ich kann dich nicht überspringen,
aber ich kann das Licht löschen

aus.

Foto: Jürgen Lauke

Ruth Finckh

Lichterloh. Acht Gedichte.

Osterfeuer

Flammen zwischen Kirschblüten
Schlehenschleier am Hang
Rauchhüllen, lautlos
um lachende Nachbarn
dicht beieinander
nicht zu nah an die Glut
Flatterband weißrot rotweiß
Bratwurst und Handy:
„Ach, da bist du ja!"
Geborgenheit
im Feuerkreis
fern im Dunkel die rötlichen
Augen der anderen
Feuer

Metallischer Sommerhimmel

Strahlend metallisch
der Sommerhimmel
zerkratzt von den Spuren
der Mauersegler,
getrübt
von Wolkenschatten
wie Rost

Sei meine Flamme

Sei
meine Flamme, sei
mein Leuchtturm, mein Lichtsignal, dann
kenn ich den Weg.

Tanz mit mir!
Tanz mit mir im Dunkeln, denn dann
nur dann
kannst du mein Lächeln nicht
lesen

Trotzdem-Licht

Regenfeuchtes
Trotzdem-Licht.
Dieser Tag hat
nicht auf mich gewartet, ich weiß.
Er hat
auf die rosigen
Malvenknospen gewartet
auf Brombeerglanz, Käferflug,
wehendes Gras.
Ich bin
nichts als ein Zaungast im Reich
des Trotzdem-Lichts.

Glitzerstraße

Wohin führt die
glitzernde Straße
aus Wellen und Wind die
Funken tanzen
leicht auf dem Grau doch
baldhierbald da öffnen
sich tangige Tiefen
die Brücke
trügt

Foto: Ruth Finckh

Feuerwerk über der Insel

Wann gehts denn los
bald
vom Kaufhausdach überm Kurplatz
der NDR ist ja auch da
nachts
hört man die Wellen noch lauter
klatschen am Strand finden
Sie nicht

Nieselregen aus hängenden Wolken
der Mond tief über der See
Ebbe setzt ein
Am Kurplatz der NDR
Wie gehts euch Leute heut abend
hier am Kurplatz
kein schlechtes Wetter nur falsche
Kleidung nicht wahr
etwas
Geduld noch
bald
auf dem
Kaufhausdach

Plötzlich
glühende Sterne und Schlangen
zischende Wunder
in Rot und Gold
Explosionen
bis tief in die Seele

bei Nieselregen am Kurplatz

African Light (für Lucina)

Ist das Licht so wie hier,
dort,
wo du sitzt? Ist der Schatten
von Palmblättern anders
als der
von Holunder?
Am weißen
Himmel die weiße
Sonne, lässt sie
den Boden reißen
wenn hier
auf feuchtem Rasen
der viel zu müde
Septemberschein liegt?

Aber das Lachen
das helle Lachen der Kinder
im Abendlicht
ist doch wie
hier

Holunderlicht

Holunderlicht
sprüht
in grünen Kaskaden vom Baum
tropft
als glänzende Dolden
von Ast zu Ast
fällt
reif und süß
zu Boden in Pfützen
auf moosigem Grund.
Bald wird es
versickern:
Herbst.

Eva Jänecke-Lauke

Irrlichter

irren über das Moor,
wabern wie Dämpfe,
locken dich,
verführen dich,
leuchten wie ferne Laternen,
tanzen wie lautlose Geister,
locken dich,
verführen dich,
treiben ihr Unwesen mit dir,
weißt nicht mehr, wohin,
locken dich,
entführen dich,

und du versinkst im Dunkel.

Novembersonne

November! Kalt, neblig, morgens Raureif auf den Gräsern. Eigentlich kein Wetter, um nach draußen zu gehen. Aber hier in der Wohnung bleiben? Mir fällt die Decke auf den Kopf. Draußen, irgendwo Richtung Süden, ist die Sonne. Vielleicht schafft sie es ja, den Nebel zu durchdringen.

Ich nehme meine Kamera, Schal um den Hals, Mütze auf den Kopf und die dicke Winterjacke übergezogen, jetzt schnell raus. Halt, die Handschuhe fehlen noch. Egal. Wird schon nicht so schlimm werden. Mit wenigen Schritten habe ich den Weg zum Wald erreicht. Die Sonne kämpft noch immer mit dem Nebel. Aber dort, am Bach, die vertrockneten Schafgarbe-Dolden, herrlich mit Raureif überzogen. Schnell mache ich ein Bild, dann noch eins, mal 'ne andere Perspektive, ein Foto gegen die Sonne, die jetzt schon als helle Scheibe im Dunst zu sehen ist. Diese Farblosigkeit, einfach, schlicht, beruhigend und schön.

Ich bin so sehr mit meinen Motiven im Sucher beschäftigt, merke nicht, wie sich ein Hund genähert hat. Sein Hecheln erschreckt mich und ich drehe mich energisch um. Der Hund ist von meiner Reaktion überrascht, springt zurück, kläfft mich an. Der Hund von Baskerville? Nein, zum Glück nicht. Meine Augen gewöhnen sich schnell an die andere Perspektive. Aus dem Nebel tritt eine junge Frau hervor. Ach ja, Elisabeth von nebenan. Und der Hund? Na klar, Harry. Der will nur mit mir spielen. Ob er wohl so markerschütternd wie der Hund bei Sherlock Holmes heulen kann? Oder ein Wolfsschatten, aus dem Nebel kommend, das wär doch mal ein Motiv. Elisabeth und ich versuchen es mit Stöckchen. Und Harry freut sich über so viel Aufmerksamkeit, macht begeistert mit. Ich gehe in die Hocke, lege mich in den Schnee, die

Kamera vor den Augen. Ein paar nette Fotos sind dabei herausgekommen. Manche wirken schon bedrohlich, wenn Harry aus dem Nebelschleier kommend über den Bach springt, dieser total verspielte und verwöhnte Jack-Russel.

Foto: Manfred Kirchner

Eva Jänecke-Lauke

Lichtung

wo der Wald schütter wird und das Dickicht dünn,
wo sich die Bäume verlieren und die Gräser regieren
da wird Raum freigegeben für junges Grün
für lang ersehnte Entfaltung.
Dem Wald entrissen, Tribut an den Sturm
lichtdurchflutetes Himmelsauge
Hoffnung im Wirrwarr
Lichtblick im düsteren Forst.
Preisgegeben dem Wetter,
mal stickig und heiß
mal verschneit und durchnässt
auch nebeltrunken und stumm.
Mondlicht versilbert die Stille,
Schatten huschen vorbei,
wittern am Waldrand,
kein Lufthauch, nur unsichere Ruhe.
Hirsche eilen prahlend herbei
liebestoll unachtsam verwirrt.
Jäger erwarten sie schon im Versteck,
Krachen hallt durch die Nacht.
Am Morgen danach, im Nebel versunken
vom Tau feucht verhüllt regt sich kein Blatt.
Erst als die Vögel erwachen, kommt Leben zurück
die Sonne blitzt auf und kriecht über den Wald.

Foto: Manfred Kirchner

Die alte Villa

Au! Was ist? *Hab mich gestoßen.* Woran? *Ich glaub ´n Türbalken.* Ich verstehe das nicht: im Souterrain muss es doch Licht geben. *Die haben den Strom längst abgestellt.* Trotzdem! Hier ist ein Schalter!... Nein! Auch kein Saft in der Leitung. *Wie in deiner Stablampe; warum haste vorher nicht gecheckt, ob die Batterie okay ist.* Das ist doch jetzt kein Thema mehr!... Im Salon könnte es vielleicht Licht geben, oder in den Küchenräumen und im früheren Arbeitszimmer. *Wo geht s denn da hin?* Ich muss überlegen ... *Wirst dich doch erinnern, warst doch oft in der Villa Stein, als die schöne Antonia...* Das war vor Jahren. Habe damals nie den Lichtschalter benutzt, war immer alles hell. *Wann warst n zuletzt hier?* Kurz bevor Tonia mit ihren Eltern das Haus verlassen hat, nach der Firmeninsolvenz und dem Privatkonkurs. *So lange ist das ja nicht her. Deshalb musste dich doch in diesem Schuppen noch auskennen.* Wir müssen zuerst ins Erdgeschoss, ins Entree, von da geht es in weitere Räume. Das Esszimmer war im Parterre, das weiß ich, auch der Salon, im ersten Stock die Bibliothek und Steins Arbeitszimmer. *Hier ist noch n Schalter.... Nee, ooch nix... Übrigens: Riechst e das auch?* Was denn? *So n süßlicher Geruch. Gas! Kenn ich von früher.* Das kann kaum sein. Wo es kein Licht gibt, gibt es auch kein Gas! *Zu einfach gedacht!* Die haben sicher nicht nur den Strom abgestellt. Außerdem: Wer sollte jetzt noch das Gas bezahlen. *Trotzdem: Ich rieche sowas!* Vielleicht Schimmelgeruch. *Ach was! Dafür müsste der Schuppen viel länger leer stehen.*

Übrigens: Im Winter gab es in der Bibliothek Literaturabende. Wobei ich oft vorlesen musste. Manchmal sogar bei Kerzenlicht. Der Arbeiterjunge kam aber erst ins Haus, als es der Familie nicht mehr gut ging. Vorher habe ich mich heimlich mit Tonia getroffen, und nur, wenn der Papa verreist war. *Dadurch wusstest du jetzt noch, wie man hier reinkommt.* Ich bin froh, dass das geklappt hat. *Übrigens: Kerzenlicht! Hier muss es doch mal Kerzen gegeben haben, vielleicht gibt s jetzt noch welche, irgendwo.* Wo sollten die liegen? Und wenn: hast du Streichhölzer, oder ein Feuerzeug? *Nicht hier, nur in meiner Bude, und du?* Seit ich nicht mehr rauche, nichts mehr dergleichen. *Und wenn bei dir das Licht ausgeht?* Das ist eine andere Frage. Jetzt erst mal weiter! *Ich bin über was gestolpert!* Pass auf, da sind Stufen. *Nochmal: Wo könn´n so ne Leute ihre Kerzen gehabt haben?* Mit der Familie Stein ist auch das Mobiliar aus dem Haus; sagen wir: der größte Teil. Deshalb unwahrscheinlich, dass noch Kerzen hier sind. *Mist! Kann kaum was sehen! Das Mondlicht kommt nur kurz durch die Wolken.* Gibt einem das Gefühl, dass die Stein-Ahnen aus den Wandbildern steigen; die hängen sicher noch irgendwo. *Weißt du was? Das hier wird nichts, lass uns abhauen, bevor uns noch jemand entdeckt.* Ich verlasse das Haus nicht, ohne das gefunden zu haben, was ich suche. *Was willst e denn hier finden? Hast bisher gar nicht genau gesagt, weshalb ich mit dir hier einbrechen sollte. Los, rede*! Hier gab es eine alte Pendeluhr, in einem der Flure, ich glaube im ersten Stock, die Uhr stand immer; also eine echte Standuhr. Sie hatte einen Sockelkasten, der jedoch verschlossen war. Nur Tonia hatte den Schlüssel. Die Uhr muss ich unbedingt finden. *Vielleicht wurde sie verhökert oder versteigert?* Ich glaube nicht, dass jemand eine alte, nicht mehr funktionierende Standuhr haben wollte; ich spüre fast greifbar, dass sie noch im Haus ist. Um sie zu finden, brauche ich aber Licht! Der Sekundenmond reicht nicht. *Wozu suchst e denn dieses Wrack?* In dieser Uhr befindet sich etwas, was auch jetzt noch höchstbrisant ist. Für Tonia wie für mich. *Erzähle!* Nein! Würdest du nicht verstehen. *Etwas aus deiner Zeit damals?* Hör auf. Kein Wort mehr darüber! Ich gehe jetzt in die frühere Küche; muss hier links entlang sein. Vielleicht finde ich dort doch noch etwas Leuchtbares. Warte hier! Du kannst ja inzwischen nach der Uhr suchen. *Immer noch dieser Geruch!... Scheiße! Schon wieder gestoßen.* Vielleicht triffst du dabei die Uhr! Musst nur das Mondlicht abpassen. *Du Spaß-Keks!* Wo bist du inzwischen? *Muss die erste Etage sein...Und du?* In der Küche... Bist du wahnsinnig, hier zu singen. Wenn uns jemand hört. *Jetzt kriegt der Herr das große Muffensausen, he?*

Dafür wirst du lachen! Ich hab eine Kerze gefunden, und ein Feuerzeug. Wo ich gedacht habe: Es gibt noch einen alten Küchenschrank. Lag alles im dritten Fach unten. *Auch du wirst staunen: Ich bin, glaub ich, gegen die Pendeluhr gestoßen. Jedenfalls muss sie das sein.* Ich komme hoch, mache vorher die Kerze an... Aber was ist das denn? Kann knipsen was ich will. Fehlt nur, dass dieses Ding nicht mehr geht. *Das wär n Gag: Ne Kerze ohne Feuer.* Ich bin jetzt oben. Wo bist du, wo steht die Pendeluhr? Ich brauche endlich Licht! *Was biste immer so ungeduldig. Komm her... hierher!... Gib mir mal das Feuerzeug... Was willst e denn... Geht doch... Sieh mal...*

Der Mond hängt noch immer am Nachthimmel, im Moment lichtentleert, porös wie ein Tuffstein; was durch die rauchschwarzen Wolken jetzt jedoch nur schwach zu erkennen ist.

Schlättstatt, 6. November

Durch eine noch ungeklärte Ursache – Polizei und Feuerwehr vermuten eine Gasexplosion – ist die seit einigen Jahren unbewohnte Villa des früheren Schlettstätter Fabrikanten Stein total zerstört worden. Wie das Foto unseres Reporters zeigt, ist das einstmals imperiale Gebäude nur noch eine Ruine. In der Trümmerasche des Erdgeschosses wurden zwei völlig verkohlte männliche Körper gefunden, die aufgrund ihres Zustandes noch nicht weiter identifiziert werden konnten.

Die Kriminalpolizei rechnet damit, dass die Untersuchung der Explosionsursache noch einige Zeit in Anspruch nehmen wird. Wobei die KTU hofft, dass die lederverpackten, deshalb nicht völlig verbrannten Schriftstücke, die im Räderwerk des unzerstörten Metallgehäuses eines Standuhrskeletts eingeklemmt waren, möglicherweise Aufschluss über die Ursache der Explosion geben können.

Tathinweise sind unter Tel. 110 oder persönlich im Polizeikommissariat Gerberstraße 12 zu melden.

Vertraulichkeit wird garantiert.

Eva Jänecke-Lauke

Abends

Es wird Abend in der Vorstadt, die Menschen kommen zur Ruhe, der Autoverkehr ebbt ab, die Zeit tickt langsamer, und nachdem die Sonne vollständig hinter dem Horizont versunken ist, verblasst der Himmel nach und nach.

Da erscheinen sie plötzlich. Vor der Haustür, am Gartentor, auf dem Zaunpfosten, auf der Einfahrt, auf Gartenwegen, auf noch warmen Motorhauben, fast überall. Sitzen einfach da und halten Wache.

Schwarze und weiße, getigerte und gefleckte, langhaarige und kurzhaarige, wilde und sanfte Katzen, sitzen aufmerksam und tun doch unglaublich gelangweilt. Blinzeln kaum wahrnehmbar, spielen mit den Ohren, tun völlig unbeteiligt, drehen nur den Kopf, wenn in der Nähe die Welt untergeht. Katzen eben.

Doch wenn sich die Nacht über sie senkt, schleichen sie los, geduckt und gespannt, schreien und knurren, prügeln sich und jagen; und sie werden grau.

Alle.

Foto: Gabriele Gaba Weis,
Effekte: Manfred Kirchner

Eva Jänecke-Lauke

Rampenlicht

Einmal auf der Bühne stehen,
nackt,
für jeden sichtbar.
Nicht unbekleidet, aber so wie ich bin,
wie ich mich gerade fühle.
Nicht mehr, weniger auch nicht.

Reicht das?
Nur so da stehen?
Ich biete
alles,
was direkt aus mir heraus strömt,
sich endlich ans Licht der Öffentlichkeit wagt.

Könnte
auch etwas darstellen,
was ich mir nur vorstelle,
muss es nur noch nach stellen,
würde
damit mein Leben ergänzen, bereichern.

Egal,
einmal auf der Bühne stehen,
gar nicht nackt,
gehüllt in Ausdruck und Begeisterung,
erhitzt
im gleißendem Rampenlicht.

Foto: Jürgen Lauke, Effekte: Manfred Kirchner

Im Schatten

Die Sonne scheint. Ich spüre die Wärme auf meiner Haut, das Licht der letzten Herbsttage. Es ist nicht weit bis zum Park, zu unserer Bank, trotzdem bin ich nervös. Wind kommt auf. Die Nachbarskinder lachen. Der Stock schleift über den Boden, tastet sich vor wie ein verlängerter Zeigefinger. *Mein* verlängerter Zeigefinger. Eigentlich brauche ich ihn nicht. Nicht hier. Nicht in unserer Straße. Ich kenne jede Biegung, jeden Stein, bin wachsam, achte auf die Schatten. An der Ecke begegnet mir Herr Schuhmann mit seinem Hund. Wir grüßen einander. Ob Kai schon wartet? Ich traue mich nicht, Herrn Schuhmann nach der Uhrzeit zu fragen. Bloß nicht in Hektik geraten, dem Zeigefinger folgen, geradeaus, rechts, links, vorsichtige Schritte. Ein Auto hält für mich an, obwohl sich hier kein Zebrastreifen befindet. Ich bedanke mich mit einem Handzeichen. Der Verkehr wird lauter, gleich habe ich die Ampel erreicht. Nur noch zwei Straßen. Am Bäcker vorbei, dann geradeaus, dann links. Ich sehe den Weg vor mir. Schwachsinn, natürlich sehe ich nicht den Weg vor mir. Lediglich Schattierungen von Grau, halb verschwommen. Aber ich habe ihn eingezeichnet. Den Weg zu unserer Bank. Auf meiner inneren Landkarte.

„Hey, Chipmunk." Er lacht.

Chipmunk. Keine Ahnung, wie Kai jemals auf diesen Spitznamen für mich kam, aber er gefällt mir. Ich lasse mich neben ihn auf die Bank fallen.

„Und, wie ist die Sicht der Dinge?"

„Arschloch." Ich lache, boxe ihn leicht gegen den Oberarm. Er grinst. Das weiß ich.

„Du siehst gut aus."

Ich spüre, wie ich rot werde. „Du auch."

„Lügnerin." Wir lachen.

„Wie läuft´s mit Franzi?"

„Sind nicht mehr zusammen."

„Seit wann?"

„Letzter Woche." Er seufzt.

„Hat sie Schluss gemacht?" Die Frage ist heraus, bevor ich den Mund halten kann.

Er grinst. „Du bist ganz schön neugierig."

„Musst ja nichts sagen."

„Ne, schon okay. Ich hab Schluss gemacht."

Ich verkneife mir das Warum. Kai redet nicht gern über Beziehungen. Wahrscheinlich, weil seine stets scheitern.

Wir schweigen. Ich rieche seinen vertrauten Geruch, süßliches Waschmittel und Zigarettenrauch, halte mein Gesicht der Sonne entgegen, spüre die Wärme auf der Haut und merke, dass er mich ansieht.

„Ich hab sturmfrei."

Ich wende meinen Blick ab, betrachte seinen Schatten.

„Wellnessurlaub?"

„Jep." Er nickt.

Kais Eltern haben Kohle. Als ich das erste Mal bei ihnen war und wir zu seinem Haus durchs Neubaugebiet liefen, sagte er: „Sei froh, dass du kaum was sehen kannst. Bei der hässlichen Villa würdest du Augenkrebs kriegen."

„Wann kommen sie wieder?"

„Sonntag."

„Und du schmeißt eine Party?"

Kais Partys sind die besten. Der ganze Jahrgang ist da. Letztes Mal kamen die Jungs auf die Idee, besoffen Twister zu spielen.

„Nee, das ist heute dein ganz persönlicher Privatempfang."

Ich grinse. „Mit Champagner?"

„Aber natürlich, Mylady."

„Mylord." Ich stehe auf. Er ergreift meine Hand, beugt sich vor. Seine Lippen streifen meine Haut. Ganz leicht. Ich bekomme eine Gänsehaut. Er hakt sich bei mir ein.

„Dann muss ich aber noch zuhause anrufen und Bescheid sagen."

„Auch dies, Mylady." Er bleibt stehen und verneigt sich.

„Idiot!" Ich muss lachen.

Kai dreht die Musik auf und wir tanzen durchs Wohnzimmer. Er greift nach meiner Hand, dreht eine Pirouette. Mittlerweile ist die Flasche halb leer. Das Lied wechselt und die Ärzte dröhnen aus den Boxen.

„Dazu kann man doch gar nicht tanzen."

„Na und? Du musst springen! Spring auf und ab!", schreit er

Wir springen. Er schreit den Text mit, hält inne.

„Du bist ja ganz ruhig, Chipmunk."

„Was?", schreie ich gegen die Musik an.

„Du singst gar nicht mit."

„Ich kann ja auch nicht singen."

„Na und? Schrei einfach! Das muss pulsieren, der Rhythmus muss durch dich hindurchgehen."

Also schreie ich. Und obwohl es peinlich ist und ich verschwitzt auf und ab springe, macht es Spaß.

Gemeinsam schreien wir den Refrain: *„Lass die Leute reden, denn wie das immer ist: solang die Leute reden, machen sie nichts Schlimmeres. Und ein wenig Heuchelei kannst du dir durchaus leisten. Bleib höflich und sag nichts. Das ärgert sie am meisten."*

Das Lied endet. Erschöpft lässt Kai sich aufs Sofa fallen und zieht mich mit sich. Seine Hand ist warm. Es fühlt sich gut an. Richtig, irgendwie. Ich lehne meinen Kopf an seine Schulter. Allmählich

76

wird es dunkler im Raum. Draußen geht vermutlich gerade die Sonne unter. Einen Moment wünschte ich, ich könnte es sehen, die Schatten, die sich ausbreiten, gegen das Licht kämpfen, vielleicht Teile von Kais Gesicht überziehen.

„Wie geht's eigentlich Nina?"

„Besser. Hat 'nen neuen Kerl."

„Der alte war scheiße?"

„Scheiße", sagt Kai und fährt sich mit der Hand durch sein kinnlanges Haar, eine Bewegung, die ich aus dem Augenwinkel erahne, „ist eine absolute Untertreibung. Du hättest sehen müssen, wie er sich meinen Eltern vorgestellt hat."

Er lacht, spricht mit verstellter, tiefer Stimme: „Und wenn ich mein Examen habe, natürlich mit eins null, werde ich jede Menge Geld verdienen. Jeder braucht doch heutzutage einen guten Anwalt. Und dann werden wir ein Haus bauen, eine Villa, die genauso schön ist wie diese. Also Ihr Haus, Frau Jansen, dieser Treppenaufgang, ganz bezaubernd."

Ich grinse. „Deine Schwester hat aber auch keinen guten Männergeschmack."

„Hatte sie noch nie." Er sieht mich an, ebenfalls grinsend.

„Aber der Neue ist ganz vielversprechend."

Wir schweigen eine Weile, dann fragt er: „Wusstest du, dass Simon auf dich steht?"

„So ein Blödsinn." Ich zeige ihm einen Vogel.

„Nein, im Ernst. Hat er gesagt. Neulich nach Sport."

Ich lache. Es klingt unbeholfen. „Der interessiert mich aber gar nicht."

„Ach, nein?" Kai zieht eine Augenbraue hoch. Vermute ich zumindest. Und dann, wie aus dem Nichts sagt er: „Warte mal hier. Ich muss dir was zeigen."

Er steht auf. „Wo willst du denn hin?"

„Bin gleich zurück." Er geht durch den Raum. Ich höre ihn fluchen.

„Alles okay?"

„Hab mich nur gestoßen. Der Türrahmen war doch vorher nicht so eng."

Ich grinse. „Du bist halt voll."

„Aber Sie sind nicht gerade weniger betrunken, Mylady."

„Mag sein." Ich zucke mit den Schultern. Dann zieht er die Tür hinter sich zu und ich taste mich vor bis zur Stereoanlage, um die Musik leiser zu stellen.

Es dauert eine halbe Ewigkeit, bis Kai wieder hereinkommt. Ich sehe seinen Schatten, der langsam auf mich zukommt. Höre das irritierende *Klack-klack-klack* der Damenschuhe auf dem Zimmerboden. Er setzt sich neben mich.

„Sie haben sich verwandelt, Mylord."

Ich schlucke. Die Worte sollten lässig klingen, aber das tun sie nicht. Im Gegenteil. Ich kann mein Erstaunen, den Schock kaum verbergen.

„Sind das alte Sachen deiner Schwester?"

„Ja." Kais Stimme klingt mit einem Mal verändert. Ich schließe die Augen und atme die Luft ein. Es riecht süßlich, wie nach Rosen. Er hat ihr Parfum benutzt, denke ich, und fühle mich fremd, als kenne ich den Jungen plötzlich nicht mehr, der neben mir auf dem Sofa sitzt.

Kai räuspert sich zaghaft.

„Es fühlt sich so gut an, weißt du. Der Stoff, die Strumpfhosen. So…", er zögert, „stimmig. Ich liebe ihre Kleider."

„Und was ist mit deinen Jeans?"

„Eigentlich trag´ ich sie nicht gern."

Ich schweige, weiß nicht, wie ich darauf reagieren soll. Die Stille dehnt sich zwischen uns aus, wird beinahe spürbar, wie sie unsere

Worte, unsere Welten voneinander trennt. Diese schreckliche Unbeholfenheit.

„Machst du das oft?", frage ich schließlich.

„Immer, wenn sie nicht da sind."

„Und wann...wann hast du angefangen?"

„Vor einem Jahr. Ihr Kleid hing am Bügel im Bad. Ich... ich musste es einfach anprobieren, mich betrachten." Kai zögert erneut, dann sagt er: „Ich hab auch ihre Schminke ausprobiert."

Stille. Wir schweigen lange.

„Habt ihr noch Champagner da?"

„Ich hol dir ein Glas." Hastig steht er auf. Das *Klack-klack-klack* der Schuhe.

„Hier." Er kommt zurück, hält es mir hin. Unsere Hände berühren sich. Beinahe zucke ich zurück. Ich setze das Glas an die Lippen, trinke in großen Schlucken. Der Alkohol tut gut, zerstreut die Gedanken.

„Wann kommen deine Eltern eigentlich wieder?"

„Morgen."

Ich nicke, stelle das Glas ab.

„Ich muss dann auch allmählich los. Abendessen und so."

„Klar, kein Problem." Die Enttäuschung trieft aus seiner Stimme und einen Moment hasse ich mich dafür. Aber ich kann nicht anders.

„War schön, dass du da warst."

Klack-klack-klack. Kai begleitet mich zur Tür. Im Flur brauche ich lange, um meine Schuhe anzuziehen. Meine Hände zittern. Ich hoffe, dass er es nicht bemerkt.

„Tschau, bis Montag." Ich drehe mich um. Beinahe hätte ich meinen Stock vergessen.   „Tschüss." Er bleibt im Flur stehen, ich gehe zur Tür.

Wir umarmen uns nicht wie sonst zum Abschied.

Ich laufe nachhause wie paralysiert, folge dem Zeigefinger, als wäre ich ferngesteuert. Beim Abendessen bin ich schweigsam.

„Habt ihr getrunken?", fragt mein Vater. Anscheinend riecht man es.

„Hoffentlich nicht zu viel." Meine Mutter. Ich schüttele den Kopf.

„Wie geht es Kai?"

„Gut." Eine einsilbige Antwort.

Am Montag in der Schule sprechen wir nicht miteinander. Kai steht wie gewöhnlich in der Raucherecke. Ich kann seinen vertrauten Schatten sehen und gehe an ihm vorbei in Richtung Schulgebäude, bringe es einfach nicht über mich, ihn zu begrüßen, seine Stimme zu hören.

Ich weiß noch genau, welches Lied lief, als Kai wieder hereinkam und sich erneut neben mich auf das Sofa setzte. Wie wir zuerst nichts sagten und dann schwiegen, seltsam verlegen. Wie mich dieser Geruch in der Nase kitzelte. Dieser Duft nach Frauenparfum. Hätte ich etwas gesagt. Nur ein Wort! Doch die Enttäuschung schnürte mir wochenlang die Kehle zu. Es war, als hätten sich die Schatten zwischen uns ausgebreitet, sich in uns eingenistet. Ich konnte sie nicht verjagen, durchbrach sie nicht mehr. Und irgendwann war es zu spät, die Distanz zwischen uns war einfach zu groß geworden. Vielleicht bildete ich mir dies auch nur ein. Egal. Wir sprachen nicht mehr miteinander. Kais Eltern trennten sich ein Jahr später, er zog zu seiner Mutter in die Großstadt, wechselte die Schule. Gelegentlich sitze ich noch auf unserer Bank im Park, halte mein Gesicht in das Sonnenlicht, spüre die Wärme und denke über die Schatten nach, die uns alle umgeben. Kais Schattendasein. Ich habe es nie jemandem erzählt.

Bild: Hansi Sondermann

Hansi Sondermann

Das stolze Licht

Der Prolog...! Wieder mal gelungen, denke ich; vor allem der letzte Satz: „*... gar hübsch von einem großen Herrn, so menschlich mit dem Teufel selbst zu sprechen.*" Worin die Arroganz der „Spottgeburt aus Dreck und Feuer" schnell in die Trauer des gefallenen Engels umschlägt.

Jetzt – fix wie immer umgekleidet, von Verena kurz umarmt und toi! toi! toi! über meine Schulter gespuckt – hinter der Seitenkulisse, kurz durch die Falten des Vorhangs in den schattendunklen Zuschauerrau peilen, in das „Parkett", das stufenlos ansteigt, und zu den „Rängen" hinauf. Ich sehe die Kaskade der hellen Gesichter, und spüre wieder die Erregung, die mich jedes Mal erfasst, wenn ich gespannt vor etwas stehe, was mir, obwohl ich es ausführlich kenne, unbekannt erscheint, mir dann aber in neuer und auch überraschender Weise begegnet.

Das Scolast-Kostüm sitzt doch etwas eng, wird hoffentlich meine Bewegungen nicht behindern. Magda Buchheiser hatte Recht, sie wollte es – was ich nicht wollte – etwas weiter schneiden. Was sie aber auf jeden Fall vor der nächsten Aufführung machen soll. Das Mephisto-Kostüm und das Gewand des edlen Junkers saßen gestern jedenfalls richtig.

Angespannt wie ein Panther vor dem Sprung verfolge ich die Studierzimmer-Szene nach dem Osterspaziergang. Richard spricht die letzten Sätze des Pudel-Monologs: *„Das dreimal glühende Licht!... Erwarte nicht – die stärkste von meinen Künsten!"* Selten laut, Ricky.

Ich springe auf die Szene – goethegemäß hinter dem *Ofen* hervor, vom *Verfolger* eingefangen und begleitet; während Faust im nebelhaften Halbdunkel bleibt. Claus Beck wollte es so.

„Wozu der Lärm? Was steht dem Herrn zu Diensten?"

Schon die eingeübte Haltung eingenommen. Nicht zu schwul die Gestik, wie Beck sagt.

„Das also war des Pudels Kern! Ein fahrender Scolast? Der Casus macht mich lachen."

„Ich salutiere den gelehrten Herrn! Ihr habt mich weidlich schwitzen machen."

...................…   ....…
„Was ist mit diesem Rätselwort gemeint?"

Richards Faust ist sehr gut heute Abend.

„Ich bin der Geist, der stets verneint!"

Das Echo meiner Stimme kommt vom ersten Rang zurück; ätzendscharf, wie eintrainiert. Stehe jetzt vom Spot eingekreist voll im Licht.

„So ist denn alles was ihr Sünde, Zerstörung, kurz das Böse nennt, mein eigentliches Element."

„Du nennst dich einen Teil, und stehst doch ganz vor mir?"

„Bescheidne Wahrheit sprech´ ich dir. Wenn sich der Mensch, die kleine Narrenwelt, gewöhnlich für ein Ganzes hält: Ich bin ein Teil des Teils, der anfangs alles war... Ein Teil der Finsternis, die sich das Licht gebar... Das stolze Licht, das nun der Mutter Nacht den alten Rang, den Raum ihr streitig macht...Und doch gelingt´s ihm nicht, da es, so viel es strebt, verhaftet an den Körpern klebt.

Von Körpern strömt´ s… die Körper macht es schön. Ein Körper hemmt´ s auf seinem Gange…, So, hoff´ ich, dauert es nicht lange… und mit den Körpern… wird's… zu Grunde… geh n.

Mist! Der letzte Satz war zu lautscharf. Wie ein Schuss. Gegen die Brüstung der obersten Ränge geknallt, aber sofort wieder verhallt.

Martina Maly

Weißt du nicht

Weißt du nicht,
dass die Sonne männlich ist.
EL SOL
Wenn sie geht,
wird es dunkel.
Mir bleiben die Sterne der Nacht.

Bild: Helga Margenburg

Zum Licht – eine Fabel für Kinder

Es war ein strahlender Frühlingsmorgen. Die Sonne stand noch tief über dem Horizont, hatte aber schon genügend Kraft, um den Tau von den Gräsern der Wiese am Waldrand aufzunehmen und in leichte Nebelschwaden zu verwandeln. Einige hundert Meter weiter, schon im Wald, bildete ein Loch den Zugang zu einem verzweigten unterirdischen Röhrensystem, das sich der Fuchs dieses Reviers zusammen mit der Fähe, seiner Gefährtin, gegraben hatte. Den Mittelpunkt dieses Röhrensystems bildete eine Höhle. In der lag sie, die Fähe, zusammen mit drei sehr kleinen Füchsen, die sie gerade geboren hatte. Ihr Fell war noch flauschig und grau. Erst Wochen später würde es die rotbraune Farbe annehmen, die wir bei Füchsen kennen. Die Kleinen fiepten und suchten nach den Zitzen ihrer Mutter. Sehen konnten sie nichts, nicht nur weil es in dem Bau dunkel war, sondern auch weil sie ihre Augen noch geschlossen hielten. Die Eltern der Kleinen hatten schon mehrmals Junge bekommen, aber immer noch waren sie unruhig, ob und wann die Kleinen die Augen öffnen würden. Was, wenn eines von ihnen blind bliebe? Ihr Instinkt sagte ihnen, dass sie es dann außerhalb des Baus aussetzen und seinem Schicksal überlassen müssten, um sich ganz um die gesunden Kleinen zu kümmern. Auch wenn sie wussten, dass sie nicht anders handeln könnten, ließ ihnen doch die Vorstellung, eines ihrer Kinder so dem sicheren Tod auszusetzen, das Blut in den Adern gefrieren.

Zwei Wochen des Bangens vergingen. Dann aber jubelte die Fuchsmutter:

„Sie öffnen ihre Augen! Schau doch!"

„Ich habe es dir doch gesagt. Du immer mit deiner Schwarzmalerei!", sagte der Fuchsvater. Zwar hatte er genauso viel Angst gehabt, meinte aber, das als Familienvater nicht zeigen zu dürfen.

„Aber ob sie wirklich sehen können, werden wir erst erfahren, wenn ich sie aus der Höhle herausbringe ans Licht", meinte die Fuchsmutter. „Morgen werde ich es tun."

„Ich weiß, dass das deine Aufgabe als Fuchsmutter ist", sagte der Fuchsvater. „Dieses Mal aber möchte ich es gern übernehmen. Bist du einverstanden?"

„Ja natürlich", willigte sie ein, obwohl es ihr wiederstrebte, es ihm zu überlassen.

Die kleinen Füchse waren nicht alle zugleich auf die Welt gekommen. Einer von ihnen hatte es offenbar gar nicht abwarten können. Er war als Erster aus dem Bauch seiner Mutter heraus geglitten. Die beiden anderen hatten sich Zeit gelassen. Als sie sich endlich herausgezwängt hatten und sie von ihrer Mutter sauber geleckt worden waren, hatte sich der Erste schon an die Zitzen der Mutter herangemacht. Kein Wunder, dass er stets der Vorwitzigste blieb, am schnellsten kräftig wurde und als Erster schon seine Umgebung erkundete, wenn die Geschwister sich noch den Schlaf aus den Augen rieben. Mag sein, dass sie so stets zu kurz kamen. Aber sollte er deswegen wie sie auch nur herumliegen und vor sich hin dösen? Nein, das wollte er nicht.

Alle Füchse heißen bei uns Menschen Reineke. Das ist natürlich ziemlich einfallslos, denn auch Füchse haben, wie wir sehen, ihre eigene Persönlichkeit und verdienen daher auch einen eigenen Namen. Unseren kleinen Vorwitzigen nenne ich Fridolin.

Warum gerade Fridolin? Ich meine, der Name passt zu so einem frechen und vorwitzigen Fuchs.

An einem der nächsten Morgen weckte der Vater seine Kleinen.

„Heute haben wir etwas Aufregendes vor" kündigte er an. „Wir machen einen Ausflug. Dafür werden wir unseren Bau verlassen."

„Was ist dort, wo nicht mehr unser Bau ist?", fragte Fridolin, und seine Geschwister wiederholten die Frage schnell.

„Ihr werdet es sehen", meinte der Vater und forderte sie mit einer Kopfbewegung auf, ihm durch eine enge Röhre zu folgen. Die führte zu einem Ausgang, durch den helles Licht hereinfiel.

„Das ist viel zu hell!", rief eines der Kleinen.

„Ich kann gar nichts mehr sehen!", klagte das andere.

„Schaut auf den Boden!", riet der Vater. „Da ist es nicht ganz so hell. Aber schließt auf keinen Fall die Augen!"

„Nein, es ist immer noch zu hell, und ich habe Angst!", riefen die beiden Kleinen fast gleichzeitig. „Wir wollen nicht mehr weiter."

Nur Fridolin tat, was der Vater ihm geraten hatte. Der kroch voran und schien nicht zu bemerken, dass Fridolins Geschwister tatsächlich umkehrten. Fridolin aber sah es, als er sich zu ihnen umdrehte. Was sollte er tun? Auch umkehren? Niemals! Dem Vater sagen, dass die Kleinen nicht mehr mit ihnen gingen? Was würde der Vater machen? Umkehren, warten? Nein, er wollte das alles nicht. Er wollte sehen, was das war, das da außerhalb des Baus. So schwieg er und folgte dem Vater weiter. Das helle Licht blendete ihn, besonders wenn er den Blick hob. Am liebsten hätte er seine Augen geschlossen. Aber er wollte es aushalten, anders als seine Geschwister. Je näher sie dem Ausgang kamen, desto unerträglicher wurde das gleißende Licht für ihn.

„Vater, ich sehe überhaupt nichts mehr, es ist so schrecklich hell", rief Fridolin verzweifelt. „Was wollen wir überhaupt hier? Lass uns bitte zurückgehen!"

„Mein Junge", erwiderte der Vater, „das musst du ertragen. Das Neue ist uns immer fremd, manchmal sogar unheimlich, so dass es uns Angst macht. Du musst Mut und Kraft haben, wenn du Neues kennenlernen willst."

„Warum muss ich Neues kennenlernen?", fragte Fridolin.

Der Vater wandte sich ihm zu.

„Warum bist du mit mir gekommen? Nur weil ich dir gesagt habe, du solltest es tun?", fragte er.

„Nein, nicht nur. Ich fand es spannend", antwortete Fridolin.

„Siehst du!", sagte der Vater und nickte. „Das ist die Neugier. Sie ist ein wertvoller Begleiter wie ein Spürhund, der aber nur dann bei dir bleiben wird, wenn du ihm immer etwas zu fressen gibst."

„Wie soll ich das tun?", fragte Fridolin. „Wo ist die Neugier, und was mag sie fressen?"

„Die Neugier ist in dir, und sie braucht stets Neues", antwortete der Vater. „Davon lebt sie, und wenn du ihr nicht Neues gibst, stirbt sie."

„ Ja, und dann?", fragte Fridolin weiter.

„Dann sterben in dir die Lust und der Wille zu leben", sagte der Vater.

„Das will ich nicht!", rief Fridolin entschlossen. „Lass uns weitergehen. Ich schaffe das schon."

„Deine Geschwister haben aufgegeben, morgen wird es Mutter mit ihnen versuchen", sagte der Vater und kroch weiter.

Fridolin folgte ihm. Also hatte der Vater doch bemerkt, dass die Geschwister umgekehrt waren. Er hatte nicht gewartet, war nicht umgekehrt, sondern mit ihm, Fridolin, weitergegangen. Wie war er stolz, dass er allein mit dem Vater ein solches Abenteuer erleben durfte. Der Vater war bisher immer so streng gewesen, Aber nun, als er mit ihm allein war, zeigte er sich ganz anders. Er antwortete bereitwillig auf Fridolins Fragen und gab ihm Rat. Er meinte es wohl gut mit ihm, auch wenn er sich über das helle Licht so oft beklagt hatte. Diesem Gedanken hing Fridolin nach und merkte gar nicht mehr, wie lang der Weg gewesen war, als sie schließlich am Ausgang angelangt waren. Es war ihm unmöglich, die Augen offenzuhalten, so hell war das Licht.

„Jetzt kannst du ruhig die Augen schließen", sagte der Vater. „Aber öffne sie immer wieder ein wenig und ein bisschen länger. Du wirst sehen, dass sich deine Augen langsam an das helle Licht gewöhnen werden."

Richtig! Er konnte die Augen immer länger geöffnet halten, bis er sie schließlich gar nicht mehr schließen musste.

Da lag er nun vor ihm, der Waldrand, und an seinem Ende die Wiese Blumen in vielen Farben. Nein, so groß hatte er sich das alles nicht vorgestellt, war er doch bisher nur die enge Höhle gewohnt. Ein wenig machte ihm das schon Angst. Aber der Vater war ja bei ihm. So fühlte er sich sicher. Sie setzten sich nebeneinander. Der Vater erklärte ihm alles, was sie sehen konnten: die Bäume, die Stämme, die Äste, die Zweige und die Blätter, die Nadeln an den Tannen und Fichten und die Zapfen. Er sprach auch über die Wiese mit den vielen Blumen und schließlich von den anderen Tieren, von denen die meisten ihre Freunde, manche aber ihre Feinde waren, und von den Menschen, die auch für sie gefährlich werden konnten.

„Fridolin, du darfst noch nicht allein aus dem Bau heraus", mahnte der Vater.

„Warum nicht?", fragte Fridolin verwundert.

„Es gibt Jäger", sagte der Vater.

„Was sind Jäger?", fragte Fridolin.

„Das sind Menschen, die lange Stangen bei sich führen, aus denen sie schießen", antwortete der Vater und sah sehr besorgt aus.

"Was ist schießen?", fragte Fridolin.

„Sie werfen mit einem lauten Knall Kugeln aus den Stangen, die uns töten können", sagte der Vater.

„Warum tun die Menschen das?", fragte Fridolin verwundert. „Fressen sie uns?"

„Nein, nach allem, was ich erfahren habe, tun sie das nicht", antwortete der Vater. „Es scheint, dass sie uns hassen, weil wir ihnen die Hühner und Gänse wegnehmen. Darum hetzen sie auch ihre Hunde auf uns."

„Was machen sie mit ihren Hühnern und Gänsen?", fragte Fridolin.

„Von den Hühnern fressen sie die Eier, aber am Ende auch die Hühner und Gänse selbst", antwortete der Vater.

Fridolin spürte, dass der Vater das Verhalten der Menschen nicht ganz verstand.

„Dann fressen sie ja die Hühner und Gänse genauso wie wir!", rief Fridolin.

„Ja, aber ihnen gehören die Hühner und Gänse", sagte der Vater.

„Gehören? Was ist das?", Fridolin schaute den Vater beunruhigt an. Hoffentlich machten ihn die vielen Fragen nicht ärgerlich.

Aber der antwortete ganz ruhig und bereitwillig:

„Sie geben ihnen einen Stall, und sie füttern sie. Darum wollen sie nicht, dass andere, also wir zum Beispiel, ihnen die Hühner und Gänse wegnehmen."

„Dann können wir doch auch Hühner und Gänse haben und füttern, bis sie groß sind", meinte Fridolin und kam sich sehr klug vor.

„Das können wir nicht", antwortete der Vater. „Sie können nicht in unserer dunklen Höhle leben. Außerdem ist unser Appetit auf sie viel zu groß, als dass wir sie lange füttern und warten könnten, bis sie groß sind. Wir würden sie gleich fressen."

„Die Menschen haben so viele Hühner und Gänse. Ist es denn so schlimm, wenn wir uns ab und zu ein Huhn oder eine Gans nehmen?", fragte Fridolin. „Müssen sie uns deswegen gleich töten?"

„So sind sie nun mal", antwortete der Vater und zuckte mit der Schulter. „Was ihnen gehört, ist ihnen so wichtig, dass sie es gegen alle schützen wollen. Aber ich glaube, sie haben wohl auch Angst vor uns."

„Wieso denn? Wir tun ihnen doch nichts", rief Fridolin fast empört.

„Ich weiß es auch nicht", sagte der Vater und machte eine Pause. Dann aber fuhr er fort: „Aber die Eule hat mir einmal erzählt, dass die Menschen Angst haben, ihre Hunde und sie selbst könnten von uns krank werden und sterben."

„Wieso die Eule?", fragte Fridolin verwundert.

„Die Eule ist ein sehr kluges Tier, das den ganzen Tag auf einem Baum oder in einer Hausnische sitzt und alles beobachtet, was um sie herum geschieht", erläuterte der Vater. „So hat sie genau verfolgt, was die Menschen tun, mag sein, dass sie sogar ihre Sprache zu verstehen gelernt hat. Anders könnte ich mir kaum erklären, woher sie ihr Wissen über die Menschen hat."

„Das möchte ich auch einmal alles lernen!", rief Fridolin.

Der Vater freute sich offenbar darüber, dass Fridolin so neugierig war.

„Die Eule hat lange gebraucht, bis sie dieses Wissen erlangt hat", fuhr er fort. „Das ist wie mit den Menschen und ihren Hühnern und Gänsen. Das Wissen, meint sie, gehört nun ihr, und sie wird nicht wollen, dass wir es ihr wegnehmen."

„Aber geben kann sie es mir doch", beharrte Fridolin.

„Dann musst du sie sehr darum bitten", meinte der Vater. „Vielleicht ist sie dann dazu bereit."

„Vater", setzte Fridolin sofort nach. „Du hast gesagt, dass ich meiner Neugier immer etwas Neues zu fressen geben soll. Ich will die Sprache der Menschen lernen und erfahren, warum sie Angst vor uns haben oder uns so sehr hassen, dass sie uns umbringen wollen, obwohl sie uns nicht fressen."

„Ach Fridolin", seufzte der Vater. „Was habe ich da nur angestellt?"

Aber er lächelte und blickte zufrieden auf seinen kleinen Sohn. Dann jedoch fiel wie ein Schatten über ihn eine unbestimmte Ahnung, dass der Wissensdurst seinen Sohn in Gefahr bringen könnte. Er würde ihn noch vor so viel warnen müssen. Aber kannte er selbst alle Gefahren? Er konnte doch auch nicht immer bei ihm sein, um ihn zu beschützen und ihm zu helfen! Der Kleine war so ungestüm in seinem Verlangen, alles zu erfahren. Mit einem Kopfschütteln vertrieb der Vater die trüben Gedanken, denn es wurde höchste Zeit zurückzukehren. Das war leichter gesagt, als getan. Je tiefer sie in den Bau eindrangen, umso dunkler wurde es. Fridolin konnte kaum noch etwas sehen.

„Das war doch vorher nicht so dunkel hier!", rief er verwundert.

„Deine Augen haben sich lange an das helle Licht gewöhnen müssen. Nun müssen sie sich wieder auf die Dunkelheit einstellen", versuchte der Vater, ihn zu beruhigen.

Das gelang ihm zunächst nicht, denn Fridolin rief verzweifelt:

„Aber ich sehe gar nichts mehr, Vater! Das Licht hat mir die Augen kaputt gemacht."

„Komm, halte dich an meiner Rute fest", sagte der Vater beruhigend. (Rute nennt man den Schwanz des Fuchses.) „Ich führe dich, und bald wirst du wieder sehen können."

„Ich habe Angst, Vater!", rief Fridolin.

„Ohne Angst wirst du die meisten deiner Abenteuer auch in Zukunft nicht erleben", sagte der Vater.

Wollte der Vater ihn damit beunruhigen? Aber da erkannte er langsam wieder die Wände des Baus und den Boden. Er konnte die Rute des Vaters loslassen, und beschloss, künftig bei seinen Abenteuern keine Angst mehr zu haben.

Aber dann sagte der Vater etwas, was er gar nicht verstand: „Es ist gut, wenn du nicht immer nur Mut, sondern manchmal auch Angst hast."

Was sollte das bedeuten? Gerade erst hatte er seine Angst vor dem Licht und der Dunkelheit überwunden, wenn auch mit Vaters Hilfe. Nun aber sollte die Angst dennoch etwas Gutes sein? Begreife ein anderer die Erwachsenen! Aber wenn der Vater doch recht hatte? Obwohl Fridolin den Sinn der Worte nicht verstand, die der Vater gesprochen hatte, beschloss er, sie sich einzuprägen, denn irgendwann, da war er sich sicher, würde er ihren Sinn sicher begreifen.

Bild:
Ingrid Hüchting

Hansi Sondermann

Claire De Lune

Die ersten Takte
fallen
weiche Tontropfen
von Stufe zu Stufe
die Elfenbeintreppe hinab
anämische
Des-Dur-Akkorde
mondsüchtige Arpeggien
schleifen
vom neunten Takt an
wie eine Seidenschleppe
unter Efeufingern
über den lichtfarbenen Stein

La terrasse des audiences
du clair de lune
luzide
frivole
melancholische
Dialoge
Persischer Tee mit Bergamotte
aus dünnhäutigem Porzellan

Mondlicht
kalt und kühl
verfangen im Geäst
der schlanken Silberpappel
der zartdunkle Klang
der Kristallgläser
mit seifenbitterem Pernod

wozu Verlaine Fontänen
schluchzen lässt
die schlank aus weißen
Marmorschalen steigen

Au calme clair de lune
triste et beau
qui fait rêver
les oiseaux dans les arbres

(im kalten Mondschein, des trübe Pracht
die Vögel träumen lässt in ihren Zweigen)

Foto: Manfred Kirchner

Nachts, oder die Frau ohne Alter

Endlich senkt sich die Dunkelheit über die Stadt, und erste Straßenlaternen schicken ihr weißes Licht zu Boden. Autoscheinwerfer tasten golden über das Pflaster, das kurz aufleuchtet und dann wieder verblasst. Noch zeichnen sich die Baumkronen gegen den fahlen Himmel ab, aber schon strahlen erste Sterne zitternd, und auch der Mond ist schon aufgetaucht, noch matt zwar, aber er wird zusehends kräftiger.

Jetzt kommt eine Frau aus dem Haus vorne an der Ecke, lugt erst vorsichtig aus der Tür, zieht sie dann leise hinter sich zu und huscht die Stufen herunter. Mit leichten Schritten geht sie in Richtung Park, unhörbar, ihr Rock wippt um die schlanken Beine, manchmal dreht sie sich unvermittelt wie ein kleines Mädchen um ihre eigene Achse, hüpft kurz hoch und eilt weiter. Eigentlich würde es gut passen, wenn sie dazu singen würde, aber von ihr ist kein Laut zu vernehmen. Bevor sie den Park, der mit einem schmiedeeisernen Zaun eingefasst ist, erreicht, bleibt sie kurz stehen und sieht hoch zum Mond, der sich gerade wieder hinter einer dicken Wolke hervorschiebt und ihr Gesicht versilbert. Dann schlüpft sie fast verstohlen in den Park mit seinen uralten knorrigen und exotischen Bäumen, mit seinen hellen Kieswegen, die von alten ehemaligen Gaslaternen beleuchtet werden.

Die zierliche Frau beginnt zu tanzen, wirft die Arme in die Höhe, dreht sich wie zu einem imaginären Walzer, der Kies knirscht unter ihren Füßen, wie nur feiner Kies es tut, und wenn sie den Weg verlässt, verstummen ihre Schritte im dichten Flor des gepflegten Rasens.

Sie gehört wohl zu den Frauen ohne Alter, die erst in der Nacht aufleben, die sich am Mond nicht satt sehen können, die das winzige Frösteln einer Sommernacht erregt, nachdem sich ein leichtes Lüftchen aufgemacht hat. Die fasziniert verfolgen, wie ihr Schatten schrumpft und wieder wächst, wenn sie von einer Laterne zur nächsten eilen. Die jeden Laut auffangen, der sich aus der Finsternis vorwagt, die wie verzaubert den letzten leise wispernden Vögeln lauschen, denen jedes kleinste Knacken, jedes entfernte Autogeräusch zum Erlebnis wird.

Sie tanzt in der Nacht mit dem Wind, wohl nach ihrer inneren Melodie und nur, wenn sie sich ganz allein wähnt. Jetzt ist es ihr wahrscheinlich egal, ob sie zu dick oder zu dünn ist, ob ihre Beine krumm oder gerade sind, ihre Nase zu lang oder ihre Haare zu dünn. Sie glaubt dann vielleicht, dass im Dunkeln auch für sie die Freiheit grenzenlos sei, im schummrigen Laternenschein.

Sowie sich Menschen oder Autos nähern, huscht sie zurück in eine schützende Deckung und wartet ab, bis sie wieder allein ist. Ob sie vielleicht laut singen möchte, ich weiß es nicht, jedenfalls tut sie es nicht, ihr Lied würde sie schließlich auch verraten.

Oft sieht sie in erleuchtete Fenster, vielleicht träumt sie davon, dass dort im warmen Licht fremder Zimmer vermutlich das Glück wohnt, nachdem wir uns alle sehnen.

Manchmal bin ich wohl auch eine von diesen Frauen ohne Alter, die davon träumen, Freunden zu begegnen, die ihre Einsamkeit mit ihr teilen wollen, und die sich nach einem geheimnisvollen Ort sehnen, der nur für sie bestimmt ist.
Dann würde ich mich gern in einer dämmrigen Bar wiederfinden, mit gedämpfter Musik und fröhlichen Menschen, die mich alle gut kennen. Mit einem attraktiven Barkeeper, der mich schon erwartet, der mich begrüßt wie eine uralte Freundin und genau weiß,

was ich mir wünsche. Denn ohne zu fragen mixt er für mich ein so unglaublich wohltuendes fruchtig süffiges Getränk, und dann bin ich endlich da, wo ich sein möchte, und wo ich willkommen bin. In meinem Traum gleite ich auf einen gepolsterten Barhocker, trinke und plaudere unbekümmert, lasse mir eine Zigarette anzünden, lache und flirte, und endlich fühle ich mich so leicht und unbekümmert, wie ich es in meiner Jugend gern getan hätte…

Ein später Vogel huscht vorbei, lautlos, die Frau ohne Alter sieht ihm nach und tritt den Heimweg an.
Sie sieht müde aus.

Bar der Träume, Foto Eva Jänecke-Lauke

Hansi Sondermann

Mondlicht

I
Der Mond,
weißgebleicht von der Sonne
rollt über das nächtliche Meer
und treibt eine mächtige Welle
aus Licht vor sich her

II
Der Mond,
vom Sonnenlicht aufgeladen
rollt einen Teppich aus Silber
über das nachtblaue Meer

III
Der Mond
lässt sein erregendes Licht
auf die nächtliche Terrasse
tropfen

Bild:
Hansi Sondermann

100

Das Erbe des Ra

Buon giorno, Stefano! Setz dich zu mir... Na, du alter Schwerenöter. Kommst wohl vom Friedhof? Hast wieder mit deiner Frau gesprochen? Komm, red lieber mit den Lebenden. Zu den Toten kommst du noch früh genug."

„Verdammter Teufel, kannst deine Lästerzunge wohl wieder mal nicht zügeln, Alfredo? Aber vielleicht tröstet es dich. Es gibt Dinge, über die red ich nicht mit dir. Über die red ich nur mit Gott ... und mit Florance."

„Oh Stefano, bist heute aber wieder dünnhäutig. Komm, wir setzen uns da hinten an den Tisch im Schatten. Lass die Touris ruhig in der Sonne brutzeln. Ich spendiere dir nen roten. Und dann erzählst Du mir einfach, was ist."

Zahlreiche Stühle in der Bar Miramare de Curia Luigi in Cetara waren schon besetzt. Es war Feiertag und viele Einwohner des Ortes hatten sich nach dem Kirchgang unter die Touristen gemischt. Stefano fühlte sich in solchen Menschenmengen nicht wohl und pilgerte lieber allein in die Kirche, um zu beten und nachzudenken, nachzudenken über sich, die Vergangenheit, seine Kinder. Und dann tauchten sie immer wieder auf, Bilder, die sein Leben total veränderten. Es war nun schon zwölf Jahre her, dass er das letzte Mal mit seinem Fischerboot von Fourore aus aufs Meer hinausgefahren war. Der Fischzug war ein einziges Desaster gewesen. Ein plötzlich aufkommender Sturm hatte sein Boot zerschmetter.

Er hatte sie erlebt, die Gewalt des Meeres. Und er erinnerte sich an seine Mutter, die ihm schon früh Sagen vorgelesen hatte, so auch die Sage von den Sirenen, die schon die Argonauten aus dem

Golf von Sorrent vertrieben. Er konnte die Götterfurcht der Menschen der Antike gut verstehen, als er sich hilflos an den Planken seines zerschmetterten Bootes klammerte. War es Odysseus noch gelungen, dem betörenden Gesang der Sirenen zu entkommen, so war Stefano ihnen schutz- und hilflos ausgeliefert. Nur mit Mühe hatte er sich über Wasser halten können, bis ihn ein Boot des Küstenschutzes rettete. Damit aber nicht genug: Der Fischerhafen von Fourore wurde nach den Sturmschäden aufgegeben, Hotels und Bars folgten den Fischern. Er war damals mit Florance nach Cetara gezogen und hatte einen Neuanfang als Fischer versucht. Aber seine Ersparnisse reichten nicht für ein neues Boot und die Banken waren nicht bereit, einem alten Mann noch einen Kredit zu geben. In einer armseligen Behausung hatten sie in Cetara gelebt, als vor zwei Jahren seine Frau gestorben war; schwarzer Hautkrebs. Die Ärzte hatten Florance und Stefano alle Hoffnungen auf Heilung genommen; zu viel Sonne hatte die Haut ausgelaugt, so die Ärzte. Florance hatte immer zum Lebensunterhalt der Familie beitragen müssen, hatte hart auf den Terrassenfeldern, in den Weinbergen und Zitronenhainen der Amalfiküste gearbeitet, bis ihre zwei Söhne und die Tochter das elterliche Haus verlassen hatten und nach Rom, Neapel und Lampedusa gegangen waren. Ihr geheimer Wunsch, dass zumindest eines der Kinder im elterlichen Haus bleiben und sie im Alter unterstützen würde, hatte sich nicht erfüllt. War Stefano trotzt bester schulischer Leistungen noch dem Wunsch seines Vaters gefolgt, hatte auf ein Studium verzichtet und die Fischerei seines Vaters übernommen, so waren seine Kinder früh von zu Hause fortgegangen. Die Einsamkeit der letzten Jahre hatten Stefano gezeichnet. Grauhaarig, die Augen tief in den Augenhöhlen liegend, das Gesicht von der Sonne gegerbt und faltig. Krumm gebückt ging er, als würde ihn eine schwere Last fast erdrücken.

„Alfredo, du hast gut lachen. Jeden Monat zahlt dir der Staat deine Pension. Wofür? Welche Werte hast du ihnen vermittelt, deinen Schülern? Sie lieben anscheinend das leichter verdiente Geld in den Städten, statt hier zuzupacken. Schau dich nur um! Viele Terassenfelder liegen brach, von Unkraut überwuchert. Die Familie, was bedeutet sie ihnen noch? Wer will wegen der Alten schon auf Annehmlichkeiten verzichten? Und für diese Fehlleistung bekommst Du nun Geld, Monat für Monat."

In der Zwischenzeit hatte ein Kellner zwei Gläser des „Lacryma Christi del Vesuvio" gebracht. „Komm runter, Stefano. Die Erziehung deiner Kinder kannst du nicht mir anlasten. Lass uns anstoßen auf uns und unsere Kinder... Erzähl mal von Paolo auf Lampedusa. Fährt er noch mit der Küstenwache hinaus, um Menschen aus dem Meer zu fischen? Hast Du in letzter Zeit von ihm gehört? Kommen da immer noch so viele Flüchtlinge an?"

„Grausam, Elend und kein Ende abzusehen! Immer mehr Flüchtlinge aus dem Sudan, Mali, Niger und dem Tschad. Unendliche Dürre dort, so Paolo, jetzt wohl schon im dritten Jahr. Die Sonne ist dort anscheinend unerbittlich, ein Fluch für die Menschen. Ich befürchte, Paolo geht in Lampedusa vor die Hunde. Ihm geht anscheinend das Elend der Kinder zu sehr zu Herzen, Waisenkinder, die Mütter auf der Flucht verstorben oder verlorengegangen, möchte jedes Kind selbst bei sich aufnehmen. Warum um alles in der Welt kommen die zu uns, riskieren ihr Leben."

„Tja, dabei ist die Sonne doch die Quelle allen Lebens. Warum sie so unbarmherzig sein kann, bleibt mir ein Rätsel. Schau nur, dieser köstliche Wein, in der Sonne gereift an den Hängen des

Vesuv. Oder unsere herrlichen Zitronen- und Orangenhaine und dieses wunderbare Obst und Gemüse vor unserer Haustür. Und dann diese Parks und herrlichen Gärten entlang der Küste. Wie im Garten Eden." Alfredo schwärmte noch eine ganze Zeit, wie schön es hier doch sei. Er war Lehrer an der Schule in Cetara gewesen, seit drei Jahren pensioniert und genoss seitdem das „süße Leben" eines rüstigen Pensionärs, traf sich täglich hier in der Bar mit anderen Rentnern. Selbst die eine oder andere Frau verstand er noch zu beeindrucken, einschmeichelnd charmant, gepflegt gekleidet, wie er war und mit seinem dunklen lockigen Haar mit ein paar grauen Strähnen darin. Vor etwa zwanzig Jahren hatte ihn seine Frau mit seinen Kindern verlassen, sich scheiden lassen. Er hatte damals zu viele Affären mit anderen Frauen und selbst pubertierende Schülerinnen flogen auf ihn. Er war danach immer mal wieder eine Beziehung eingegangen, ohne sich jedoch fest zu binden.

„Wird uns hier vielleicht eines Tages das gleich Schicksal blühen, wie den Menschen aus dem Tschad und dem Niger? Wenn ich meine Giulia richtig verstanden habe, haben die in Rom in ihrem Institut große Sorgen, dass sich das Erdklima in den nächsten Jahren stark erwärmen wird. Mehr Wüsten, mehr Steppen, weniger Trinkwasser. Mehr Kriege. Damit es so kommt, dafür arbeiten Menschen und Sonne wohl Hand in Hand." Giulia, Stefanos Tochter, war ein paar Tage zu Besuch bei ihrem Vater gewesen. Sie hatten lange auf der Terrasse gesessen und viel miteinander gesprochen, während Felice, Giulias Sohn, den Ort, den Strand und den alten Wachturm auf dem Felsvorsprung über der Steilküste erkundete. Stefano hatte Giulia zum ersten Mal hilflos erlebt, fast verzweifelt. Sie hatte davon gesprochen, dass die Schutzhülle, die uns alle auf der Erde vor den gefährlichen ultravioletten Strahlungen schütz, an vielen Stellen löchrig wird, während auf der Erde die Temperaturen ständig steigen. Total unverständlich bei den herrlichen Sonnenuntergängen, die sie jetzt im Frühjahr jeden Abend von der Terrasse aus erlebten. Stefano hatte in seiner Einsamkeit wieder zu lesen angefangen, hatte Bücher über Umwelt und Klima, Poltik und Religionen „verschlungen" wie damals als Schuljunge die Heldenerzählungen der Antike. So war er Giulia ein angenehmer Gesprächspartner geworden und ihr wieder ein Stück nähergekommen.

„Ich glaube, das siehst du zu pessimistisch, Stefano, und deine Tochter auch", erwiderte Alfredo. „Sieh mal, sie bauen jetzt schon überall Solarkraftwerke, auch bei uns in Italien. Technisch ist da einiges drin. Und wenn wir dann keine Kohle und kein Öl mehr verbrennen müssen zur Energiegewinnung, dann geht auch sicher die Erderwärmung wieder zurück. Und wir hatten immer Klimaschwankungen mit Eiszeiten und ein paar hundert Jahre später mediterranes Klima. Mensch, wir wären hier noch bettelarm, gäbe es nicht die Sehnsucht der Touristen nach Sonne und Licht. Du kennst sie doch, die Mythen der alten Ägypter von ihrem Sonnengott Ra. Oder die Griechen, die in Helios den Lebensspender verehrten, der jeden Morgen mit den Sonnenwagen den Himmel von Ost nach West überquerte. Diese Kulturen haben unser Lebensbild bis heute deutlich geprägt, wenn wir heute auch vieles anders sehen. Und ich denke, auch über unsere Kultur wird man in einigen hundert oder tausend Jahren anders denken als wir heute. Man wird sie dann vielleicht nicht verstehen, die sonnengebräunten Schönheitsideale unserer Zeit, so wie wir heute Ra und Helios nur als Mythos sehen."

„Schade Alfredo, deinen Optimismus kann ich nicht teilen. Heute fliegen stündlich tausende Flugzeuge über den Himmel, verbrennen Kohlenstoffe in unserer Atmosphäre, hinterlassen

Abgase, rasen nicht nur von Ost nach West, auch von Nord nach Süd und überall hin, deine viel gelobten Touristen, die uns angeblich Wohlstand bringen. Sie haben unsere Kultur verändert, deine Touristen, mit ihren Taschen voll Dollar und Euro und ihren Kreditkarten und dem Leben im Überfluss. Und an anderer Stelle auf der Welt, in Mali, Nigeria, im Sudan verhungern die Menschen. Nein, Alfredo, ich kann deinen Optimismus nicht teilen. Warum nutzen die Menschen nicht den Sonnenüberschuss dort, wo er vorhanden ist? Wenn die Menschen wirklich so schlau sind, wie Du meinst, warum bauen sie dann nicht in Nigeria und im Sudan Solarkraftwerke, mit denen sich zum Beispiel dort eine saubere Schwerindustrie betreiben ließe und die die Menschen vor Ort ernähren könnte. Oder mit denen sie Wasserstoff erzeugen könnten, dass dann wieder Treibstoff für unsere Motoren wäre. Nein Alfredo, ich glaube nicht mehr an die Menschen. Sie denken nicht weit und nicht sozial genug, nur an ihren Vorteil." Stefano war derart erregt, dass er von seinem Stuhl aufgestanden war, jetzt hinter seinem Stuhl stand und sich auf die Lehne stützte wie ein Redner vor einem großen Publikum. Und erst jetzt bemerkte er, dass er mehr Zuhörer hatte als nur Alfredo. Mit einer Handbewegung, als wolle er etwas wegwerfen, setzte er sich wieder auf seinen Stuhl.

„Wenn das alles so ist, wie Du es gerade beschreibst, warum hast Du das nicht deinem Sohn Roberto in Neapel vermittelt? Ich habe gehört, der handelt mit Drogen. Ein Auto teurer und eleganter als das Andere, aufgedonnerte Frauen immer in seiner Umgebung. Der schmeißt ja mit dem Geld nur so um sich, sagt man, während andere in der Gosse krepieren. Der sonnt sich auf Kosten Anderer..." Alfredo war entsetzt. Das hatte er seinem Freund Stefano nicht sagen wollen, wusste er doch, dass Roberto die Last war, unter der Stefano litt.

„Das tut weh, Alfredo. Und das weißt du. Aber er ist mein Sohn. Ich werde ihn nicht verleugnen, auch wenn er mich verleugnen sollte. Wenn ich könnte, würde ich zu ihm gehen und ihn zur Rede stellen. Wenn ich nur wüsste, wo ich ihn finde. Hätte ich doch nur die Kraft und die Zeit dazu."

Stefano war auf seinem Stuhl in sich zusammengesunken, hatte die letzten Worte nur noch kraftlos gesprochen und schwieg jetzt, in sich versunken. Alfredo war ein wenig zu ihm gerückt und hatte ihn aufmunternd auf die Schulter geklopft. „Eigentlich schade, wir hätten so viele Ideen, die Welt zu ändern. Hätten wir die Weisheit von heute doch schon vor fünfzig Jahren gehabt. Vielleicht wäre es uns dann gelungen."

Bild: Manfred Kirchner

Nocturnes

I
In der ersten Nacht behielt sie das Kleid an
und löschte schamhaft das Licht.

Später hat sie im Vollschein der Lampe
immer mehr Haut entblößt.

Was hat mich mehr berührt?
Was hat mich mehr erregt?

II
Das Kerzenlicht
ist längst gelöscht
im Schlafraum nur
ein schwacher Wachsgeruch
das lustvolle Flüstern der Laken
und das dunkle Licht
in Katharinas Augen

III
Nur das Gewand aus Licht
um uns
haben wir die Nacht
zum Tag gemacht.

Gewand aus Licht

109

Vor Sonnenuntergang

Es war dieses Licht....

Ich erinnere mich genau. Es war plötzlich da. Aus dem Regen aufgetaucht. Kurz vor Sonnenuntergang.

Eigentlich war die Party bei Alexanders Geschäftsfreund toll. Fing schon früh an. Aber ich hab mich geärgert. Alex und ich, wir hatten Streit. Warum eigentlich? Ach ja, diese jungen Dinger haben ihn angehimmelt. Wie ein Pfau hat er sich aufgeführt und sich bestimmt gefühlt wie der Hahn im Korbe. Ich kenn' ihn doch. Klar, er ist ja auch ein toller Typ. Noch immer. Bestes Alter. Sechsundvierzig und Kohle.

Eine von den Mädels schien besonders vertraut mit ihm zu sein, die war höchstens zwanzig. Halb so alt wie ich. Lange Haare und lange Beine. Genau sein Beuteschema. Wie ich früher. Er hat sie geküsst als er wohl dachte, ich merke es nicht. Aber ich hab's doch gemerkt. Ich war sauer. Der Wein war wirklich gut. Wenn man das Glas gegen das Licht der Lampe hielt, funkelte er wie Bernstein. Vielleicht habe ich etwas zu viel getrunken, ich erinnere mich nicht mehr.

Ich hab' die Party verlassen. Allein. Ich war wütend. Der Porsche stand vor der Tür. Sein Baby. Er hatte ihn sogar verkehrswidrig auf dem Bürgersteig geparkt, damit er jederzeit mit ihm Blickkontakt halten und sicher gehen konnte, dass ihm auch nichts passiert. Niemand durfte ihn fahren außer ihm selbst. Nur ein einziges Mal hat er mich ans Steuer gelassen, aber da saß er daneben und war betrunken.

110

Der Wagen kam sofort auf Touren und schoss wie ein Pfeil davon. Der Sonne entgegen. Auf regennassem Asphalt. Ich hab die Sonnenblende heruntergelassen, doch sie konnte das Licht nicht zurückhalten. Es hat mich geblendet.

Ja, es war dieses Licht!

Ganz plötzlich stand Alexander in diesem Licht vor mir und hat mir zugerufen, ich solle in diesen Seitenweg am Wald einbiegen. Im Autoradio lief ein Oldie. "Are you lonesome tonight" von Elvis. Schmusesong. Unser damaliges Lieblingslied. Irgendwie fühlte ich mich wirklich einsam an diesem Abend. Kann vorkommen nach achtzehn Jahren Ehe. Nicht nur meine Schuld, dass wir keine Kinder haben. Ach ja, Kinder... Doch dann war Alexander da und alles war gut. Woher kam er denn auf einmal? Komisch.

Er wollte, dass ich die Musik lauter drehe. Hab ich auch gemacht. Dann war das Lied plötzlich zu Ende, es wurde unterbrochen von einem Splittern und Krachen, das wie Metall klang. In diesen Lärm hinein hat Alexander mir Vorwürfe gemacht, weil ich einfach losgefahren bin. Ich sollte doch den Porsche nicht ohne ihn fahren. Er sei für mich viel zu schnell. Und ich hätte die Kurve nicht richtig genommen. Ich erinnere mich nicht. Aber ich erinnere mich an das Licht, das tief am Himmel stand. Es war ja schon Abend, kurz vor Sonnenuntergang.

Ja, es war dieses Licht...

Aber wieso war Alex auf einmal neben mir auf dem Beifahrersitz? Was wollte er da? Warum ist er nicht auf der Party geblieben? Ja, er saß neben mir, ich hab ihn genau gesehen, auch wenn mich das Abendlicht geblendet hat. Und gespürt habe ich ihn auch. Seinen kratzigen Dreitagebart. Seine Nähe. Seinen Herzschlag. Dicht an meinem. Wie früher. Hab auch seinen Atem gerochen. Und seinen herben Männerduft. „Tom Ford. Fleur de Portofino". Hab ich ihm geschenkt. Teuer und edel. Passt zu ihm. War wegen Portofino. In Italien. Da waren wir mal. Lange her…

Warum raschelt es so? Ach, Blätter. Was streift da durch mein Gesicht? Zweige? Hoffentlich zerkratzen sie nicht mein Make Up! Ich muss doch schön sein. Für Alexander. Wo ist er denn eigentlich?

Und warum sind da so viele Menschen um mich herum? Warum starren sie mich so an? Woher kommt dieser weiße Kittel? Was soll dieser Lichtstrahl? Warum schießt jemand in meine Pupillen? Es blendet mich. Ich kann die Augen nicht schließen. Wo ist Alexander?

Ach, da ist er ja. Er steht im Licht und wartet auf mich.

Nein, ich werde ihn nicht warten lassen. Trotz allem.

Fraktalbild und Gestaltung: Jari Nestel

Göttinger Tageblatt vom Dienstag, d. 23. Mai 2017:

Ein tödlicher Unfall ereignete sich am frühen Sonntagabend zwischen Göttingen und Gleichen. Auf regennasser Straße ist eine vierzigjährige Frau in einem Porsche Carrera mit überhöhter Geschwindigkeit gegen einen Baum gerast. Offenbar wurde sie von der untergehenden Sonne geblendet und aus einer Kurve getragen. An dem Fahrzeug, das einen sechsstelligen Wert hat, entstand Totalschaden.

Nach Angaben der Polizei lief noch das Autoradio. Der Notarzt geht davon aus, dass die Frau noch einige Zeit gelebt hat; bei seinem Eintreffen konnte er jedoch nur noch ihren Tod feststellen.

Hansi Sondermann

Abschied

Zickzackig wie ein Hahnschrei
brach das Licht durch die Wolken
als ich Isolde über die Gleise trug

langbange Zeit auf dem Perron
wartend auf den Zug
der uns trennen soll

in ihren Augen
das kleingroße Licht der Hoffnung
dass wir...

aber
wer weiß das schon in dieser Zeit
wer weiß... ob je... und wann.

Die Strömung des goldenen Lichts

Alles war anders mit Nino, er befindet sich auf einer bisher mir absolut unbekannten geistigen Ebene. Zuerst hatte ich keine Ahnung, wie ich mich so einem gefühlvollen Thema nähern sollte oder gar wie ich mich auf den Unterricht, in seinem Sinne vorbereiten müsste und dennoch nahm ich den Auftrag an.

An diesem Vormittag, als ich zu seiner Haustür ging, war es für mich, als ob ich in ein Theater mit geschlossenen Vorhängen hineinging. Nichtsdestotrotz war ich überzeugt, dass hinter diesen Vorhängen etwas Neues darauf wartete, um sich mir zu offenbaren, und ich war ohnehin neugierig zu sehen, was es sein könnte. Auf irgendeine Weise fühlte es gut und aufregend an.

Nun saß ich auf dem Boden in dieser grundlegenden Yogastellung, mit meinen Beinen unter mir gefaltet, auf einem riesigen, weißen, dicken Teppich gegenüber Nino, einem Heilpraktiker und spirituellen Heiler. Er wollte seine Englischkenntnisse auffrischen, bevor er ins Ausland reisen würde, um dort einige Seminare zu geben. Und ich sollte ihm dabei helfen, als ob ich ein Spiegel seines hoch entwickelten Geistes wäre, und ihm alle die tiefsten empfindlichen und sehr emotionalen Vokabeln, bezogen auf seinen Beruf beizubringen. Es war schon eine Herausforderung!

Rückblickend erinnerte ich mich an das erste Mal, als ich ihn sah. Er saß so sanft auf seiner Yogamatte als ich am frühen Morgen das Zimmer betrat, mit so einem zärtlichen Ausdruck in seinem Gesicht und einem gewissen Lichtschein um ihn herum. Oder war es nur in meiner Vorstellung? Es könnte sein. Wie auch immer, kurz darauf drangen die ersten Sonnenstrahlen in den Raum und füllten das Ambiente mit zusätzlicher Wärme. Wobei genau an der Stelle, an der er saß, das Sonnenlicht auf seinem schulterlangen blonden Haar nun umso mehr diesen besonderen magischen Moment reiner Gelassenheit um ihn herum hervorhob. Er sah so friedlich aus, als ob die Welt draußen nicht existiere.

Das war vor etwa einem Monat, als ich zu einem seiner Seminare eingeladen wurde, um eine Fastenwoche in Kombination mit Yoga auszuprobieren.

Und diesmal wieder erblickte ich ein Licht um ihn herum, als ich zu ihm hinüberschaute. Ein warmes Willkommensgefühl erfüllte mein Herz. ‚Ich habe den Eindruck, dass diese Person irgendwie erleuchtet ist und wenn, ist das vielleicht wirklich nichts für mich. Emotionen waren nie meine Stärke.' Aber er sah so sanftmütig und zugänglich aus, es war sowieso zu spät zum Umkehren oder Wegrennen, also beschloss ich zu bleiben und das Beste daraus zu machen.

Nachdem ich während des Unterrichts eine Weile auf dem Boden hockte, begann ich ein gewisses Unbehagen in meinen Beinen zu spüren, also streckte ich meine Beine aus und bewegte meine Füße.

"Geht es dir gut?"

"Mir geht es gut, Nino, ich brauche nur eine neue Sitzposition."

"Tun deine Beine weh?"

"So in der Art."

"Ist es in Ordnung, wenn wir eine Pause machen und uns um deine Schmerzen kümmern? Wo genau ist der Schmerz?"

"An meinem Knie, meinem rechten Knie. Können wir machen."

‚Vielleicht kann er Akupunktur, würde zu ihm passen.'

"Okay, also dann leg dich auf deinen Rücken und öffne deine Arme und Beine in einer ganz bequemen Position. Entspanne dich. Schließe langsam die Augen und atme tief ein. Ein weiterer tiefer entspannender Atemzug und noch einmal. Und während du hier liegst, lass jeden emotionalen Widerstand gegen den Schmerz los. Schieb den Schmerz nicht weg oder ärgere dich nicht darüber. Halte während des Einatmens einige Sekunden lang die Luft an und sag Ja zu dem Schmerz. Akzeptiere, dass er da ist und du ihn fühlen kannst. Akzeptiere, dass dein Gefühl des Schmerzes jetzt da ist. Wo du gerade bist, ist wo du bist, und es ist alles gut."

Nach ein paar entspannenden Atemübungen...

"Jetzt fangen wir an, mit deinen eigenen Selbstheilungsqualitäten zu arbeiten. Während du langsam einatmest; stell dir vor, dass der Sauerstoff Licht ist. Ein goldenes Licht, das durch die Nase in deinen Körper dringt. Lenke das goldene Licht so, dass es direkt zu deinem Knie fließt, wo du den Schmerz hast und halte es dort. Diese Stelle hat eine Blockade, die den normalen Fluss deiner Blutzirkulation hemmt. Jetzt wirst du mit deinem goldenen selbstheilenden Licht die Hindernisse in deinem rechten Knie lösen. Mit deinem geistigen Auge führe das goldene Licht und lass es sanft durch die Gefäße und Zellen dringen, lockere die Muskeln auf und öffne die Venen, um die Verkrampfung zu entwirren. Und nun, während du ausatmest; mache dir bewusst, dass das goldene selbstheilende Licht aus deinem Knie wieder herausfließt, aus deinem Körper austritt und die Unbequemlichkeit des Schmerzes mit sich nimmt. Bleibe ganz entspannt und wiederhole diesen Vorgang so oft wie nötig. Lass es langsam wirken."

Stille...

„Die Heilung geschieht durch Visualisierung. Du kannst es nicht erzwingen, du richtest deine Aufmerksamkeit auf die Stelle und bildest deinen Atem ab als sanftes, warmes, goldenes Licht, das sich leicht durch deinen Kreislauf bewegt. Lasse dein goldenes Licht durch deinen Körper wandern, um seine heilende Energie freizusetzen. Dein Einatmen fließt hinein als heilendes Licht. Dein Ausatmen nimmt den Schmerz mit sich hinaus und lässt somit die Strömung des Blutes frei fließen. Gib dem Schmerz die totale Erlaubnis, dich zu verlassen. Öffne dein Herz und lass den Schmerz in Frieden fortgehen. In diesem Ablauf sag ruhig zu dir selbst: *´Es ist alles in Ordnung, ich akzeptiere, dass der Schmerz da ist und kämpfe nicht gegen ihn.´* Nimm dir Zeit, bis du die Schmerzlinderung spürst, die als erstes zeigt, dass der Schmerz nachlässt."

Nach einer Weile Schweigen...

"Also sag mir, ist dein Schmerz weg?"

"Nun, ich denke schon."

"Das ist gut! Weißt du, in unserem Gehirn sind Atem- und Schmerzzentrum miteinander verbunden. Man kann wirklich eine Botschaft durch den Atem an den Schmerz senden und vom goldenen Licht wird der Heilungsprozess aktiviert. "

"Danke, Nino. Und ja, das war wirklich entspannend. Aber jetzt kommen wir zurück zu unserer Lektion!"

Manfred Kirchner

Wenn der Tag geht

Foto: Manfred Kirchner

Die Sonne neigt sich zum Horizont
verhüllt von durchsichtigen Nebelschleiern,
kraftlos, matt und müde.
Herbst.

Austernfischer, Brandgänse und Knutts
stochern im Schlick, am Wassersaum
nach letzter Nahrung für die lange
Nacht.

Sonnenschein spiegelt sich sanft
im Wasser, und im Watt,
konkurriert mit des Leuchtturms hartem
Licht.

ich genieße es, dieses Schauspiel
von Licht und Leben hier am Meer,
schlendere gedankenversunken. Mich
fröstelt.

Burkhard Stiller und das Teelicht

Burkhard Stiller, einundvierzig Jahre alt, geschieden, öffnete mit Mühe sein linkes Auge und starrte an die bräunlich gefleckte Zimmerdecke. Dunkel konnte er sich erinnern, dass irgendwann einmal der Mieter über ihm die Waschmaschine hatte überlaufen lassen. Er drehte sich auf die linke Seite. Mit einem klirrenden Geräusch zerbrach die halbvolle Wodkaflasche, die wohl noch auf seiner Bettdecke gelegen hatte, auf dem Fußboden und verströmte den widerlichen Geruch nach abgestandenem Alkohol. Er musste den kleinen Eimer benutzen, der immer neben seinem Bett stand.

Jetzt konnte er auch schon das rechte Auge öffnen. Er hätte wohl besser daran getan, beide Augen geschlossen zu halten, denn was er zu sehen bekam, war nicht besonders erfreulich. Auf dem niedrigen Nierentisch lagen Reste einer Pizza neben dem Aschenbecher voller Gauloise-Stummel, dem zerrissenen Pizzakarton und zwei schmutzigen Trinkgläsern. Auf dem Fußboden seine verdreckte Jeanshose, ein undefinierbares T-Shirt und seine verschlissenen ASICS-Turnschuhe Modell 2002. Daneben der vertrocknete Stängel einer Zimmerpflanze. Er versuchte, sich im Bett aufzusetzen.

Aus Richtung Kleiderschrank kam ein zirpendes Geräusch, er achtete aber nicht darauf.

Langsam kehrte seine Erinnerung in Bruchstücken wieder. Gestern Abend die erste Sitzung bei Al-Anon, zu der ihn seine mütterliche Freundin Annegret gezwungen hatte. Er musste sich in den Stuhlkreis setzten, einen Phantasienamen erfinden (ihm fiel nur Xavier ein) und klar und deutlich sagen: „Ich bin Xavier, ich bin Alkoholiker." Das hatte ihn schon völlig überfordert. Mühsam nur konnte er den ausgreifenden Bekenntnissen der anderen Stuhlkreiser folgen und verabschiedete sich vorzeitig. In seinem Zimmer zu Hause hatte er aus allen Ecken die noch vorhandenen

Alkoholflaschen hervorgeholt und getrunken. Bei der halbvollen Wodkaflasche hatte ihn dann der Schlaf übermannt.

„So leicht bekommt ihr mich nicht klein", dachte er jetzt mehrmals hintereinander und hämmerte diesen Satz trotz enormer Kopfschmerzen in seinen Schädel. Er wusch sich oberflächlich, strich sich das zottelige und fettige braune Haar aus dem Gesicht und zog die am Boden liegenden Klamotten an.

Wieder dieses zirpende Geräusch.

Vorsichtig näherte er sich unter Umgehung der Glasscherben dem alten Kleiderschrank. Er öffnete die Tür. Das Geräusch kam aus einem Karton auf dem Schrankboden. Jetzt konnte er „Burkhard" verstehen, ein dünnes Stimmchen rief seinen Namen. „Bin ich noch so besoffen, dass ich schon fremde Stimmen höre?", dachte er erschrocken, hob aber neugierig den vergilbten Deckel vom Karton. Das Stimmchen wurde deutlicher: „Beeile dich, Burkhard, ich bin in Not, rette mich!"

„Wer oder was bist du?" Burkhard hatte sich entschlossen, das Spiel mitzuspielen.

„Ich bin ein Teelicht, aber kein gewöhnliches Teelicht, sondern ein Maxi-Teelicht mit acht Zentimetern Durchmesser und anderthalb Zentimetern Seitenhöhe", sprudelte die kleine etwas brüchige Stimme aus dem Karton. „Ich liege ziemlich weit unten, bin aber in Schräglage geraten und durch die Wärme hier läuft mein Wachs langsam aber sicher aus, beeil dich endlich und hole mich hier raus, du wirst es nicht bereuen!"

Burkhard wühlte in dem Karton und brachte schließlich das Teelicht zum Vorschein.

Er wagte nicht, ein sprechendes Teelicht länger in der Hand zu behalten und setzte es vorsichtig auf den Fußboden. Lange betrachtete er es und versuchte, sich zu erinnern, wie oder wann es einmal in seinen Besitz gekommen war. Ganz aus der Ferne kamen Gedanken an eine Familie, an Kinder, an irgendein Weihnachten im Hause seiner Großmutter, die immer einen großen Vorrat von Teelichtern bereithielt.

Das Teelicht war tatsächlich kein gewöhnliches. Es hatte orangefarbenes Wachs, der Lieblingsfarbe der Oma, golden glitzernde Partikel darin und einen kräftigen Docht.

„Warte noch ein wenig, bis mein Wachs wieder im Lot ist, dann setze mich bitte auf den Nierentisch." Die Stimme kam ihm auf einmal bekannt vor, besonders die etwas blasierte Ausdrucksweise. „Könnte es die Stimme meiner Oma sein?", dachte er erschreckt. Amüsiert, aber auch neugierig folgte Burkhard den Anweisungen. Er machte den Weg zum Tisch frei und säuberte die Tischplatte, so gut es ging. Es gelang ihm, weitere Einzelheiten im Zimmer wahrzunehmen und er fing an, sich vor dem widerlichen Geruch zu ekeln. Etwas frische Luft wäre jetzt nicht schlecht, dachte er und bahnte sich einen Weg zum Fenster. Er zog die vergilbte Gardine zurück. Das Fenster, das lange geschlossen geblieben war, ließ sich quietschend einen Spaltbreit öffnen.

Im schmalen Tunnel seines Denkens hatte jetzt aber nur das kleine Teelicht Platz. Schnell wollte er sehen, was aus ihm geworden war. Tatsächlich, das runde Etwas rüttelte sich ein wenig, und das orangefarbene Wachs begann, sich in seinem Blechgehäuse zu nivellieren. Burkhard hatte auf einmal auch keine Scheu mehr, es anzufassen und auf den Nierentisch zu setzen.

Die Stimme wechselte zu einem feierlichen, aber bestimmtem Ton:

„Ja, du hast richtig gehört, ich bin deine Großmutter und sehe, in welchem traurigen Zustand du bist. Und ich will dir etwas zeigen. Setze dich mir direkt gegenüber, wie du es als Kind so gerne getan hast, und zünde mich an."

Burkhard fand Streichhölzer und zündete den Docht an. Es bildete sich schon bald eine helle und fluoreszierende Flamme. Er war sofort gefangen von dieser Helligkeit und den kleinen metallischen Blitzen darin und konnte sich nicht abwenden.

„Ich will dich mit Licht vertraut machen", begann das Teelicht, „ich glaube, deine Gedanken haben zu lange in Dunkelheit gekreist und keinen Ausweg mehr gefunden." Burkhard hörte nicht mehr zu; das Licht hatte sich hinter seiner Stirn eingenistet und begonnen, seinen Kopf auszufüllen. Schwarze Schatten lösten sich und flogen wie kleine Fledermäuse durch sein Haar davon. Er konnte genau verfolgen, wie sie durch den Fensterspalt verschwanden. In der Mitte seines Kopfes wurde es angenehm warm.

„Blicke beständig auf die Flamme und versuche, während du deine Augen schließt, sie innen im Kopf, zwischen den Augenbrauen, zu fühlen", das war wieder die feierliche Stimme des Teelichts. Burkhard schloss die Augen, aber in seinem Kopf wurde alles wieder schwarz.

„Hör auf mit dem Hokuspokus", rief er mit krächzender Stimme, „du kannst mir sowieso nicht helfen. Bei mir ist alles zu spät!" Er blickte sich im Zimmer um und suchte nach irgendwelchen Alkoholresten, fand aber nur einen Wodkarest in den Scherben der Flasche. Der Geruch stach ihm unangenehm in die Nase und er hatte Angst, sich beim Trinken zu verletzen. Die Neugier und der Gedanke an Helligkeit und Wärme im Kopf trieben ihn zurück an den Tisch. „Was will sie bloß von mir?", meldete sich ein Gedanke.

Aber er blickte wieder in diese einladende Flamme und schloss die Augen. Die Helligkeit blieb in seinem Kopf und wieder stellte sich angenehme Wärme ein.

„Lass das Licht nun von deinem Kopf in Richtung deines Herzens gleiten und lass es den Weg dahin erleuchten", sagte ihm die Stimme, die früher zu lehren gewohnt war. Stockend bewegte sich das Licht nach unten, passierte die Luftröhre und wanderte leicht nach links zum Herzen. Burkhard konnte staunend den Weg verfolgen. Überall hinterließ das Licht ein angenehmes und warmes Gefühl von Sauberkeit.

Das Teelicht ließ jetzt nicht locker: „Wenn das Licht in der Brust dein Herz betritt, stell dir vor, das sich wie bei einer Lotusblüte die Blütenblätter Blatt für Blatt öffnen und dabei jeden Gedanken, jede Empfindung, jede Gefühlsregung und jeden Impuls im Licht baden und damit die Dunkelheit vertreiben."

„Stopp, ich verstehe nichts davon", rief Burkhard ärgerlich, „wieso redest du so geschnörkelt und so viel auf einmal, das geht mir alles viel zu schnell. Was sind überhaupt Lotusblüten, mein Kopf brummt jetzt schon von deinem Gerede."

Doch Burkhard stand auf und sah auf einmal sich und seine Umgebung mit anderen Augen. Er hatte das Bedürfnis, sich zu duschen, frische Klamotten anzuziehen und das Zimmer aufzuräumen. Und es meldete sich Hunger und Durst. Im Kühlschrank fanden sich Speisequark, der noch nicht abgelaufen war, und ein Rest Orangensaft. Er aß und trank zum ersten Mal seit Wochen wieder mit Appetit. Aber es zog ihn wieder zum Tisch, auf dem das Teelicht ruhig seinen Lichtschein verströmte und ihn wieder ansprach:

„Entschuldige, ich muss dir die Lotusblüte erklären. Es ist eine Seerose mit vielen Blütenblättern, die ineinander wachsen und sich öffnen, wenn ihre Zeit gekommen ist.

Die Blütenblätter – deine Gedanken und Empfindungen- baden im Licht. Sie ändern sich, werden sanft und hell. Nimm wieder Platz, schaue beständig auf die Flamme und lass das Licht wieder eintreten."

Burkhard war sehr gespannt auf das, was kommen würde, ließ das Licht hinter seine Stirn treten und es dann auf den Weg zu seinem Herz hinablaufen.

„Lass nun das Licht breiter, strahlender und größer werden. Es durchflutet deine Glieder. Sie können sich nicht mehr dunklen oder niederträchtigen Beschäftigungen hingeben."

Burkhard versuchte, den Anweisungen zu folgen. Er schickte Licht in seine Arme und staunte, dass sich seine Arme nicht nur von außen, sondern auch von innen glatt und rein anfühlten. Das gleiche passierte auch mit seinen Beinen, in denen auf einmal eine Kraft wirksam wurde, die er lange nicht mehr gekannt hatte. Er erinnerte sich, dass seine Arme nur noch zu Schlägereien nützlich gewesen waren und seine Beine Fußtritte ausgeteilt hatten, auch an seine nun geschiedene Frau und seinen vierjährigen Sohn. Das Licht in seinen Gliedern jagte nun diese Erinnerungen fort, blieb aber an seinem Platz. Wieder machte sich Wärme in seinen Gliedern angenehm bemerkbar. Er wollte einschlafen, aber die brüchige Stimme hielt ihn wach:

„Sende das Licht nun an deine Zunge. Falschheit, Verleumdung, Prahlerei und Bosheit weichen dann von ihr. Das Licht soll dann deine Augen und Ohren erreichen. Alle dunklen Wünsche werden vernichtet durch das strahlende Licht der Weisheit und Tugend."

Burkhard war wieder wach: „Weisheit und Tugend sind Kauderwelsch für mich, sag mir was Praktisches dazu."

„Du musst langsam wieder lernen zwischen Gut und Böse zu unterscheiden", war die einfache Antwort.

Erneut erschienen Bilder aus seiner jüngsten Vergangenheit. Natürlich hatte er Menschen aus seinem Umfeld unter Alkohol ständig beleidigt und angegriffen. Und er hatte den falschen Leuten zugehört, war ihnen gefolgt mit dem Ziel, eine nicht kontrollierte Selbständigkeit oder Unabhängigkeit zu erlangen. Er wusste, er musste zurück vor die Zeit seiner Alkoholsucht und sich an die Werte erinnern, die damals wichtig für ihn gewesen waren.

Burkhard schlief plötzlich ein und erinnerte sich im Traum lebhaft an seine Großmutter, die immer versucht hatte, ihm den Unterschied zwischen Gut und Böse an Beispielen klarzumachen. Die Stimme weckte ihn aus der friedlichen Stimmung und dozierte:

„Im Licht verschwinden alle bösen Gedanken, denn sie kommen aus der Finsternis. Nun musst du lernen, jeden Tag am

Morgen das Licht in dir wirken zu lassen. Dieses innere Licht wird in deiner Vorstellung mehr und mehr an Intensität gewinnen. Lass es schließlich um dich herum leuchten, lass es sich in immer weiter werdenden Kreisen ausbreiten und deine Freunde und Verwandten umfangen. Schließlich musst du auch von diesem Licht abgeben und es weitertragen."

„Hör auf, Oma, das ist mir alles zu viel auf einmal", poltert Burkhard los, „wo warst du eigentlich, als es mir schlecht ging, als ich in die falschen Kreise geraten war und meine geliebte kleine Familie verlor?"

Von der Stimme kam keine Antwort mehr.

Burkhard hatte trotz seines Ärgers alle Lehrsätze behalten, lernte schnell sie anzuwenden. Jeden Abend löschte er das Teelicht und zündete es am Morgen wieder an.

Nach drei Tagen klingelte es morgens an seiner Wohnungstür. Burkhard konnte sich nur schwer von der Teelicht-Meditation losreißen. Annegret, unverkennbar mit ihrem alten Kamelhaarmantel und dem Kapott-Hut auf dem Kopf, stand in der Tür und blickte sich verwundert um:

„Mensch, Stiller, was ist passiert, dein Zimmer hier in dieser Absteige sieht so verändert aus. Du hast saubere Sachen an, du riechst auch nicht mehr so streng und irgendwo flackert ein Licht. Sag was."

„Weiß selber nicht richtig, was passiert ist", antwortete Burkhard, „das komische Teelicht auf dem Tisch mit der Stimme meiner Großmutter hat mich wahrscheinlich verzaubert und mir irgend sowas wie eine neue Welt gezeigt. Muss mich erstmal sammeln und nachdenken, was ich damit anfange."

„Deine Augen zeigen auf einmal wieder Leben und du lässt Hände und Arme nicht mehr hängen."

„Ja, ich konnte auf einmal in mich reingucken und den ganzen Mist dort in Schwarz sehen. Und, du glaubst es nicht, die schwarzen Stellen werden durch das Licht verjagt und lösen sich auf; ich kriege wieder Luft, ohne dass mir übel wird, und ich kriege neue Kraft in Armen und Beinen. Aber bitte, geh jetzt, lass mich für ein paar Stunden allein. Komm bitte morgen wieder und bringe mir was Kräftiges zum Essen mit."

Burkhard nahm wieder gegenüber dem Teelicht Platz und sah auf einmal, dass das Wachs in dem Behälter immer weniger wurde und das Licht anfing zu flackern.

„Hey, Teelicht oder Oma, verlass mich nicht so schnell", sagte er aufgeregt, „ich muss doch noch so viel fragen."

„Du brauchst dich nicht zu sorgen", sagte das Teelicht jetzt etwas heiser, „du kannst mich jederzeit durch ein anderes Teelicht ersetzen, achte darauf, dass es ein Maxi-Teelicht ist und orangefarbenes Wachs hat, das wird dich an mich erinnern."

„Danke, dank dir für deine Worte, deine Lehren und alles andere", murmelte Burkhard, während die Flamme des Teelichts verlöschte.

Bild: Hansi Sondermann

Wieder schlief er ein. Er ging noch einmal alle Wege des Lichtes ab. Im Traum wurde ihm ganz klar, was er ab morgen tun wollte, und zum ersten Mal seit Monaten freute er sich auf den neuen Tag.

Hansi Sondermann

Licht des Lächelns

In deinen Augenwinkeln
nistet ein Lächeln
das nur dir eigen ist

beim kleinsten Zwinkern
fliegt es auf
kommt auf mich zu

und
ich bade in einer Woge
aus Wärme und Licht

Vexierbilder, aus Licht geboren

„Wir müssen etwas verändern", der freundliche Mieter der Wohnung in der oberen Etage stand vor mir und erklärte ein wenig verlegen: "Für den Anfang ist die Renovierung unseres Balkons geplant, wahrscheinlich werden Sie etwas betroffen sein."

Er bot seine Hilfe an, meine Pflanzen und Balkonmöbel, welche durch herabfallende Farb- Reste oder von oben herunter spritzende Lauge beschädigt werden könnten, in Sicherheit zu bringen.

Von den Arbeiten am nächsten Morgen habe ich dann doch nichts gesehen und gehört, so behutsam wurden sie durchgeführt, und als sich der Nachbar an einem der folgenden Tage „für die Belästigung" mit einem Spätlese-Wein im Geschenkkarton bedankte, konnte ich ihm versichern, dass ich die abgelaufene Aktion nicht als störendes sondern als wunderbares Erlebnis in Erinnerung behalte. Er lächelte über diese scheinbar übertriebene Äußerung.

Es war ein trüber Tag im Februar als die vorsorgliche Schutz-Verkleidung meines Balkons von meinem Sohn prompt und sachkundig durchgeführt wurde. Weiß-durchsichtige Planen waren über das Balkongeländer gestülpt und dort verklebt worden, ebenso wie auf dem Boden, auf den sich die Folienmeter ergossen. Zusätzlich waren diese mit Schirmständer und Wassereimer beschwert. Auf der Bodenfläche dahinter entstand eine Art Rohr zwischen Balkonrand und dem aufgerollten Teppich. Am Abend verstärkte sich der Wind und blies in dieses Gebilde so, dass es sich wie ein mächtiger gurkenförmiger Ballon aufblähte, dann in sich zusammensank und mit der nächsten Böe wieder füllte. Dabei zauberte die Abenddämmerung Farbwellen in die Bewegung.

Wie ein Crescendo schwoll Lila zu Gelb und im Decrescendo zurück zu Grün und Blau und glitt für einen Moment schließlich wieder in Weiß und Milchweiß, bevor sich der Zyklus wiederholte.

Ich mochte mich nicht abwenden von diesem Schauspiel.

Synchron erschien ein virtuelles Bild hinter meinen Augen, das sich als reelles Erlebnis in jener Nacht in Nordamerika eingeprägt hatte. Wir saßen zusammen am kühlen Waldrand, der Grill war bereits erloschen, als am Horizont über den schwarzen Himmel Nordlichter zu wehen begannen und die Ferne mit Farben erfüllten. Wechselnd in ihrer Formation. Wie in einer Ballettaufführung versammelten sie sich, trafen sich in einem flüchtigen Gebilde, stoben auseinander und tanzten, mal in Gruppen und dann wieder allein, aus pastelliger Lebensfreude und aus verdunkeltem Abschied gesponnene Schleier vor der Nachtkulisse in die Unendlichkeit werfend.

Das Spektakel auf meinem Balkon ließ nicht nach. So, als werde ein Film-Programm vor mir abgespult, war ich mittendrin, hineingezogen in das augenblickliche Geschehen, und befand mich doch gleichzeitig mitten in einer Art Rückblende -

Es ist Nacht, als uns die Sirene geweckt hat und wir uns schon im nächsten Moment, angezogen mit Winterkleider-Schichten, mit Decken und Koffern behängt, zusammen mit den anderen Hausbewohnern im Treppenhaus wie in einer Art Flüsterwelle zum Keller hinunter schieben.

Dort im Dunkeln weist uns der Luftschutzwart in den Gemeinschafts- Luftschutz- Raum ein, der von einem der früheren Hausbesitzer, einem Metzger, als Kühlabteil eingerichtet wurde und nun schon lange dafür nicht mehr gebraucht wird.

Wir sitzen gedrängt auf langen Bänken und lehnen uns mit dem Rücken an die alten großen hölzernen Spülwannen des Schlachter-Gewerbes. Es ist dunkel, die Lichtaustrittsvorschriften sind mir bekannt, auch in unserer Wohnung und in der Schule werden sie eingehalten. Dafür gibt es geschwärzte Glühbirnen, die nur unten einen kleinen Kegel Licht durchlassen. Auf der Jacke trage ich stolz eine Brosche, die wie ein Schmetterling geformt, aus mit Nacht-Leuchtfarbe bestrichener Pappe hergestellt wurde. Damit meine Mutter erkennt, wo ich sitze, endlos lange sitze und mir in der Abwartezeit bis zur Entwarnung vorstelle, wie die toten Schweine an eben den silbernen Haken baumelten, die für alle Zeit oben an der Decke über meinem Kopf sinnlos hängen geblieben sind. In der Hand halte ich die mir zugeteilte Gasmaske in Kindergröße. Es wird nicht gesprochen. Ich denke an die Plakate, die ich in der Eisenbahnunterführung nahe unseres Hauses täglich gesehen habe. "PST, Feind hört mit" steht auf dem einen, das den riesigen schwarzen Schatten eines Mannes zeigt, der sich über eine Gruppe fröhlich zusammenstehender, sich unterhaltender Leute beugt. Wir Kinder haben die Buchstaben als Text ersetzt: PanzerSoldatenTanzen. Der Ordnungshüter kommt ab und zu vorbei und berichtet in das Kellerdunkel, was er draußen gesehen und gehört hat. Ich muss auch an das andere schauerliche Plakat denken, worauf über ein schwarzes Fratzengesicht in großen Buchstaben gemalt steht: Licht Dein Tod. So ganz kann ich es nicht verstehen.

Es ist still hier drinnen. Ich bin müde und mir ist kalt. Von draußen dringen dumpfe Geräusche durch die Steinwand zu uns. Wie wenn jemand ungeduldig leise auf einen Tisch trommelt. Zunehmend mischt sich heftigeres Poltern dazwischen, wie plötzliche Faustschläge. Und dann fühlt sich auf einmal ein Trommelwirbel an, als fände er mitten im Kellerraum statt, und der Schutzmann kommt von draußen und berichtet hastig leise: „Da sind Christbäume am Himmel zu sehen"! Warum sich ein Stöhnen im Raum ausbreitet, kann ich nicht deuten, ich kann mich so genau an die

Christbäume in der Weihnachtszeit erinnern, dass mir ganz warm wird von so viel Kerzenlicht.

Als ich mit den Freitaler Schulfreunden aus unserer Vierten Klasse am nächsten Mittag bergauf zur „Jochhöh" laufe, ist der Himmel bedeckt und am Horizont wie ein rotes Band gefärbt. Darunter, wissen wir, liegt Dresden. Wir sehen darüber die aus dieser Entfernung winzigen Flugzeugstaffeln, die sich langsam auf Dresden zu bewegen, und wissen, dass wir nach Haus zurückrennen müssen.

Die Arbeiten in der Wohnung über mir sind abgeschlossen. Fast bedaure ich es, die Schutzfolie nun wieder zu entfernen, und tröste mich mit dem Rest des Weines.

Bild und Effekte: Manfred Kirchner

Hansi Sondermann

Letzter Abend

Noch entfernt von seiner Truppe
stand Helmut in der Fensternische,
das Siegeslied auf den Lippen
längst verstummt.

Im Licht des Kerzentrios
auf dem nussbraunen Flügel
ein Moll-Nocturne von Chopin
unter Annas zitternden Händen.

Angst umklammert das Herz.
Heilige Maria Mutter Gottes
was wird werden?
was wird sein?

Die bange Frage der jungen Frau
guter Hoffnung
wie man damals sagte.
Ein Lichtgebet ins Fenster!

Hat nicht lange gedauert
bis der Brief des Kameraden kam
dann erst die amtliche Nachricht
mit dem Eisernen Kreuz

Der Letzte macht das Licht aus

Ich fühle mich wohl in meiner Stadt, ich finde alles, was ich brauche, kann gut einkaufen, habe ein Theater, aber ich vermisse die kleine ehrwürdige Buchhandlung, die mich früher jederzeit mit Inspirationen und einem ausgewählten Sortiment jenseits des kurzlebigen Mainstreams versorgt hat.

Viel Platz gab es nicht in dem alten Laden, allerdings wurde im letzten Jahr ihres Bestehens eine Ecke bei der Reiseliteratur frei gemacht für einen Kaffeeautomaten und drei winzige betagte Holztischchen. Dazu kamen noch ein paar Stühle, die den Eindruck machten, als hätten sie schon jahrelang wippende Schwergewichte ertragen. Egal, Hauptsache, der Kaffee schwappte nicht aus der Tasse, der Rest waren Gemütlichkeit und Versinken in fernen geistigen Welten.

An der reich mit Stuck verzierten Hauswand prangte über Schaufenster und Tür ein recht altmodisch anmutendes Neonschild mit der Aufschrift "Schröder & Sohn Buchhandlung". Das Geschäft wurde zu der Zeit schon in dritter Generation von einem Mitglied der Familie Schröder geführt, dem Enkel Jens. Das Bemerkenswerteste im Inneren des Ladens war ein riesiger Kronleuchter, der sicherlich schon seit der Eröffnung für eine erhabene, beinahe festliche Atmosphäre im Verkaufsraum gesorgt hatte, mit seinen zwölf elektrischen Kerzen und den unzähligen schillernden Kristallen. Er hing dort, wo eine Holztreppe elegant nach oben zu einer schmalen Balustrade führte, von der aus man den Verkaufsraum übersehen konnte und dabei flankiert war von geisteswissenschaftlicher Fachliteratur. An der hohen stuckverzierten Decke zauberten die Kristalle tanzende Lichtreflexe, einen besonders fulminanten Funkentanz gab es, wenn abends der Wind in den Laden drängte.

Vor zwei Jahren wurde von Jens Schröder das 100-jährige Bestehen dieser alt eingesessenen Buchhandlung mit einem kleinen Fest gefeiert. Alle Angestellten hatten mit viel Engagement den Hauptverkaufsraum umgeräumt, Angebotstische aufgebaut und fantasievoll gestaltet und mit Begeisterung das Publikum über die besonderen Vorzüge und Eigenheiten ihres Sortiments beraten. Auf all das ließ der Kronleuchter sein warmes Licht sinken, und Kinder, die sich sonst in Buchhandlungen langweilen, legten ihre Köpfe in den Nacken und sahen den Lichtspielen an der Decke zu. Es wurde auch tatsächlich viel verkauft, zahlreiche Menschen hatten den Weg in die alte Buchhandlung gefunden, der Tag war ein Erfolg.

Der war auch bitter nötig, denn seit in unmittelbarer Nähe eine Filiale einer überregionalen Buchhandlung eröffnet hatte, gingen die Umsätze bei "Schröder & Sohn" rapide zurück, ehemalige Kunden liefen vorbei, blickten nur manchmal verstohlen in das liebevoll dekorierte hohe Schaufenster und eilten dann weiter, als wollten sie nicht gesehen werden. Und war es nicht auch bequemer, abends von zu Hause aus mit einem Klick das Gewünschte zu ordern und bei Nichtgefallen zurückgehen zu lassen?

Und so kam es, wie man es befürchten musste, ein Jahr nach dem hoffnungsvoll begangenen Jubiläum sah sich Jens Schröder aus finanziellen und gesundheitlichen Gründen gezwungen, die 101 Jahre alte Buchhandlung an den Inhaber einer überregionalen Konkurrenz mit Sitz im fernen Süddeutschland zu verkaufen. Ein junger dynamischer Filialleiter, Sven Pirkl, wurde zu uns in den Norden geschickt. Er war stets modisch gekleidet und erschien meist gut gelaunt, er kannte sich hervorragend aus mit

Finanzen, schenkte aber den Büchern wenig Beachtung. Zwar wurde die ganze Belegschaft übernommen, aber die Angestellten hatten keinen Einfluss mehr auf die Auswahl des Sortiments, nicht einmal auf die Gestaltung der Räume. Mit den Wackeltischchen und den klapprigen Stühlen war Schluss, statt dessen gab es vier kantige Kunstledersessel in Neonfarben, die leider nicht im Mindesten an die körperliche Statur von Lesern angepasst waren. Es wurden noch einige aufwändige Modernisierungen vorgenommen, es gab ein hochmodernes Lichtkonzept, das den gesamten Laden in ein gleichförmiges kaltweißes Licht tauchte und den ganzen Raum so geschickt ausleuchtete, dass sich nirgends mehr ein Schatten verstecken konnten. Die Decke wurde zur besseren Schallisolierung mit hellen Pressspanplatten abgehängt, und rein gar nichts erinnerte mehr an den ehrwürdigen Kronleuchter, der sofort verschwunden war, als klar wurde, dass er nicht mehr zu dem neuen Geist der Filiale passen würde. Irgendwie wusste niemand, wohin er gekommen war, und keiner wagte nachzufragen.

Und dann war es doch auf einmal soweit. Zum Anfang des folgenden Jahres sollte die Buchhandlung, die noch den ursprünglichen Namen "Schröder & Sohn" behalten hatte, geschlossen werden. "Sie entspreche trotz der vorgenommenen Veränderungen nicht mehr dem Zeitgeschmack und könne auch aus Platzgründen nicht so ausgebaut werden, dass sie dem allgemeinen Firmenstandard entspreche" kam die knappe und unwiderrufliche Nachricht aus dem Stammsitz der Großbuchhandlung. Einige Mitarbeiterinnen bekamen das Angebot, nach Süddeutschland zu wechseln und in den dortigen Filialen Massenware und kurzlebige Bestseller zu verkaufen neben pinken Ponys und schrillen Radiergummis. Alle Angestellten mit Familie, so auch meine Kusine Doris, die dort seit 15 Jahren gearbeitet hatte, entschieden sich für eine Abfindung und die Hoffnung auf eine Anstellung bei der

Konkurrenz am Ort. Nur Saskia, eine 24-jährige Buchhändlerin wagte den Sprung in den Süden, um dort auf die Welle des neuen Zeitgeistes aufzuspringen.

Die Geschäftsaufgabe wurde in der Lokalzeitung bekannt gegeben, es gab einigen Unmut in der Leserschaft, aber kaum Verwunderung. Waren doch die meisten Leser und auch ich selbst, wie ich zugeben muss, schon von der neuen Großbuchhandlung wie von einem Magneten angezogen worden, von den weiten lichtdurchfluteten Räumen, den Sitzecken in der Cafeteria mit Latte Macchiato und Bagels, der dezenten Entspannungsmusik im Hintergrund und den bunten Diashows. Man wurde einfach gut unterhalten, und dann hatte man doch gelegentlich mehr gekauft, als man geplant hatte.

Nach dem Weihnachtsgeschäft war es dann soweit, Sven Pirkl lud alle Angestellten zu einem kleinen Abschiedsumtrunk ein, und meine Kusine Doris bat mich sie zu begleiten, um sie bei diesem traurigen Ereignis moralisch zu unterstützen. Wir gingen also an einem kalten Spätnachmittag am Anfang des neuen Jahres in die alte Buchhandlung "Schröder & Sohn". Noch leuchtete das alte Neonschild einladend wie immer. Aber im ehemaligen Verkaufsraum sah es verheerend aus. Die letzten Bücher und Kalender waren verkauft oder an die Verlage zurück gegeben worden, einige Regale standen noch wie bleiche Gerippe an angeschmutzten Wänden, teilweise klebten handgeschriebene Zettelchen an ramponierten Brettern mit den Namen von Käufern und Abholterminen. Teile des Mobiliars kamen also noch auf einen Gnadenhof. Einige verschmähte Werbeplakate baumelten verrutscht an den Wänden, ich fragte mich noch, ob ich eines von ihnen einfach mitnehmen sollte. Die schrillen Kunstledersessel waren schon abgeholt worden, sie hatten wohl doch Liebhaber gefunden oder sollten in Süddeutschland Kunden verformen.

Da standen nun noch einmal alle zusammen bis auf Saskia, die war schon im Süden, dafür waren einige Angehörige und Freunde mitgekommen, genau wie ich. Als plötzlich Jens Schröder durch die Eingangstür kam, klatschten wir alle wie verabredet, viele Gesichter hellten sich merklich auf. "Guten Tag alle miteinander" grüßte er in die Runde, genau, wie er es jahrelang getan hatte. Allerdings hielt er das früher regelmäßig folgende "und wie geht's?" zurück. Sven Pirkl wippte unschlüssig auf den Fußballen vor und zurück, dann ging er mit weit ausgestreckter Hand und jovialem Lächeln auf Jens Schröder zu. Dieser lächelte freundlich und machte einen kleinen Schritt zurück, ohne die dargebotene Hand zu ergreifen. Die eben noch lockeren Gespräche waren verstummt, und in die Stille hinein begann Sven Pirkl eine dürre Abschiedsrede zu halten über gutes Arbeitsklima und guten Willen. Danach entkorkte er mit Schwung eine erste Sektflasche, und da waren plötzlich alle froh, dass der alte Kronleuchter nicht mehr zum Inventar gehörte. Womöglich hätte er noch am letzten Tag unter der Vitalität eines Sven Pirkl leiden müssen, der es offenbar liebte, Sektkorken bis an die Decke zu schießen. Der ehemalige Filialleiter schenkte eigenhändig rosigen Sekt in die schnell ausgeteilten Hartplastikgläser, sah noch einmal den früheren Angestellten tief in die Augen, wünschte ihnen alles Gute und übergab aufgeräumt, dieses Mal leicht auf den Fußballen wippend wie ein Schauspieler kurz vor dem Auftritt, das Wort an den etwas überrumpelten Jens Schröder. Der zuckte leicht mit dem rechten Auge, was man als charmantes Zwinkern deuten konnte. Das hatte er immer getan, bevor er Bedeutendes zu sagen hatte, dann pflegte er noch seine Lippen kurz zusammenzupressen, als wolle er seine Worte durch eine Düse formen. Alle hatten diese Macke geliebt, und jetzt waren alle bei seinen Bemühungen, eine Ansprache zu beginnen, gerührt.

Auch da war die Rede von gutem Arbeitsklima, aber auch von viel Teamgeist, dem Engagement jeder einzelnen Angestellten, von gemeinsamen Feiern und Unternehmungen und dann von der Hoffnung, die sie alle lange Zeit gehabt hatten. Daraufhin fingen Einige an, Anekdoten zu erzählen. Sven Pirkl schien sich aufrichtig zu bemühen, den Gesprächen zu folgen, gelegentlich huschte ein beifälliges Lächeln über sein Gesicht. Aber sein Blick fiel immer häufiger auf seine Armbanduhr, er stand jetzt etwas abseits der Gruppe derer, die noch einmal kichernd gemeinsame Erinnerungen zum Besten gaben.

"Meine Damen, Herr Schröder, entschuldigen Sie bitte, dass ich jetzt aufbrechen muss, leider wartet mein Zug nicht, und ich habe meiner Frau versprochen, heute Abend wieder zu Hause zu sein, und hier kann ich ja nichts mehr tun. Ich freue mich, Sie alle noch einmal gesehen zu haben und wünsche Ihnen von Herzen alles Gute für Ihre Zukunft. Mehr kann ich wohl nicht mehr für Sie tun," wiederholte er fast wortgleich. "Sie dürfen alles so stehen und liegen lassen, das ist doch auch mal schön, nicht wahr?" Er strahlte nach dieser Bemerkung über das ganze noch sehr jugendliche Gesicht.

Sofort nahmen alle ihre Mäntel und gingen nach einander durch die Tür nach draußen, wobei jedes Mal noch einmal die vertraute Glocke ertönte. Mit den Worten: "Der Letzte macht das Licht aus" verließ Sven Pirkl gut gelaunt die ehemalige Buchhandlung, und als die grüne Spiegelung der alten Neonaußenbeleuchtung mit der Aufschrift "Schröder & Sohn Buchhandlung" auf dem feuchten Asphalt verloschen war, lud Jens Schröder uns alle noch zu sich auf ein Glas Wein ein, zu sich nach Hause in die

Jugendstilvilla, den angestammten Familiensitz. Und da hing er nun, der alte Kronleuchter und tauchte das Bibliothekszimmer in ein warmes gelbes Licht, und wenn man den Blick an die Stuckdecke richtete, sah man wieder den wilden Tanz der Lichtreflexe.

Hansi Sondermann

Luzifer

Luzifer du Leuchtender
du glänzender Cherub
Träger des Alpha-Lichts
der Schöpfungspremiere

Hast zu stolz ins Licht geschaut!
Berauscht von seinem Glanz
wolltest du selber gottgleich
Ur-Licht sein

Erzengelgewaltig
war deshalb der Kampf
der dich in den Orkus stürzte
ins absolut Finstere in die
Ur-Nacht.

Bild: Manfred Kirchner

Ruth

Eva

Jochen

Belinda

Hansi

Jörg

Lore

Brigitte

Manfred

Lisa

Joana

Karen

Helga

Martina

Albrecht